태어나면서부터 말을 잘하는 사람은 존재하지 않는다.
대중 앞에서든 개인적인 자리에서든
우리는 두려움 때문에 말실수를 저지른다.

하버드대학교 토론클럽 교수 스테판 포스차드

듣는 과정에서 우리가 범하는 가장 큰 오류는
스스로에게 의미 있는 말만 듣고,
다른 사람에게 의미 있는 말은 듣지 않는다는 것이다.

하버드대학교 언어학자 스티븐 핑커

대중 앞에 서는 법

대중 앞에 서는 법

펴낸날 2019년 2월 25일 1판 1쇄

지은이 조찬우
펴낸이 강유균
교정·교열 이교숙, 이라야, 장은영, 김영미
기획·홍보 김아름
경영지원 이안순
디자인 현애정
마케팅 신용천

펴낸곳 리드리드출판(주)
출판등록 1978년 5월 15일(제 13-19호)
주소 경기도 고양시 일산서구 고양대로632번길 60, 207호(일산동, 대우이안)
전화 (02)719-1424
팩스 (02)719-1404
이메일 gangibook@naver.com
홈페이지 www.readlead.kr

ISBN 978-89-7277-326-9

이 도서의 국립중앙도서관 출판예정도서목록(CIP)은 서지정보유통지원시스템 홈페이지(http://seoji.nl.go.kr)와 국가자료공동목록시스템(http://www.nl.go.kr/kolisnet)에서 이용하실 수 있습니다.(CIP제어번호: CIP2018035526)

말하기는 공식이다, 스피치는 실전이다,
배워서 바로 쓰는

대중 앞에 서는 법

조찬우 지음

리드리드출판

추천사

개그맨, MC, 리포터 등 방송에서 활약하던 그가 스피치 강사로 전업을 선언했을 때 잘 될 거라는 기대도 있었지만 '과연'이라는 의문부호도 있었다. 그러나 그것은 정말 '기우'였음이 증명되었고, 그는 이제 스피치 분야에서 알아주는 명강사로 자리 잡았다. 일반인은 물론 CEO 들까지 그의 강의를 듣기 위해 번호표를 뽑고 기다리고 있다. 365일 24시간이 모자랄 정도로 바쁜 그가 이번에 두 번째 책을 냈다. 첫 번째 책《느리더라도 멈추지 마라》가 자전적 성공에세이였다면 이번 두 번째 책《대중 앞에 서는 법》은 스피치 전문서다. 강사로서 갈고 닦은 노하우가 정리되어 있다. 어떻게 보면 강사로서 현재의 위치에 서게 한 그의 '영업비밀'이 고스란히 실려 있는 것이다. 수년의 경험과 연구를 통해 만들어진 결과물인 이 책에는 자의건 타의에 의해서건 앞에 서서 이야기해야 하는 사람들을 위한 체계적 방법론이 담겨 있다. 다른 사람 앞에서 스피치를 해야 하는 사람이 이 책을 건너뛴다는 건 그야말로 '어불성설'이다. 과장하지 말라고? 일단 읽어보고 이야기하시라! 학교에서건 직장에서건 스피치가 필요하다면 주저하지 말고 이 책을 일독할 것을 권한다. 후회 없는 선택이 될 것이라고 감히 단언한다.

_KBS PD 박기현

인간의 삶에서 가장 중요한 능력은 커뮤니케이션 능력이다. 이 능력을 많은 사람 앞에서 펼칠 수 있다면 성공의 길에 이미 들어선 것이다. 대중과 함께 생각하고, 함께 소통하고, 함께 성장할 놀라운 방법이 이 책에 담겼다.

_에프앤 이노에듀 부사장 조병학

같은 말이지만 다르게 전달되는 이유는 그 말이 입술을 떠나 있기 때문입니다. 그 살아있는 스피치의 정수를 놓치지 마십시오. 그 영혼을 흔드는 조찬우 스피치로 대중 앞에서 거듭나시길 바라며 추천합니다.

_대한민국 1인기업경영 교수 김형환

많은 사람들 앞에서 본인의 생각을 정확하고 영향력 있게 전달하는 방법을 배우고 싶다면 명품강사 조찬우의《대중 앞에 서는 법》을 적극 추천합니다. 이 책은 청중을 사로잡고 있는 본인의 모습을 상상하게 되며 그 상상을 현실로 만들어 줄 것입니다.

_아산사회복지재단 경영지원팀장 윤천식

책 챕터를 보다가 너무나 와 닿는 문장이 있어서 다시 가져와 본다. "유머가 너희를 자유롭게 하리라!" 나는 이 책을 보는 독자들이 스피치부터, 언어표현 및 유머까지 자유롭게 구사하게 될 것이라는 믿음이 있다. 또 나는 이 책이 당신의 스피치 능력을 향상시킬 수 있다는 것을 확신한다. 이유는 단순하다. 과거에도 그랬었고, 지금도 그러고 있기에, 여러분도 그렇게 할 것이라는 것을!!

_SNS 국가대표 강사 정진수

변호사로 일하면서, 대중 앞에서 이야기해야 하는 상황들이 많다. 그럴 때마다 이 책을 꺼내어 표시해둔 부분만이라도 다시 읽어보려 한다. 대중스피치를 위한 살아있는 지식이 담긴 이 책을 현대인들이 반드시 읽어야 할 필독서로 추천한다.

_디캠프 법무지원팀장 변호사 김형조

미닫이문은 그냥 옆으로 열면 됩니다. 여닫이문은 그냥 손잡이를 돌리면 되죠! 그런데 사람의 마음의 문을 여는 방법은 이 책을 읽어보시면 됩니다.

_YTN 청년창업 런웨이 MC 현병수

prologue

스피치로 나를 바꾸고 세상을 변화시키자!

첫 책 《느리더라도 멈추지 마라》가 출간된 지 2년이 지났다. 그동안 300회가 넘는 저자 강연을 통해 많은 독자들을 만났다. 연령층도 청소년부터 중장년에 이르기까지 아주 다양하다. 새롭게 출발할 수 있는 동기부여를 받았다는 소감을 전한 독자, 자신도 빛나는 스타라는 사실을 인지했다는 청년, 강연 주제에 공감하고 인생 마라톤을 완주하겠다고 다짐했다는 강연 후기들을 보며 나는 감동했다. 이 자리를 빌려 책으로 함께 소통했던 청중들에게 다시 한 번 감사를 드린다. 그들이 잡아준 손에서 벅찬 에너지를 전달받으며, 보다 나은 내일을 준비할 수 있도록 각오를 새롭게 다져본다. 이 모든 것은 느리지만 멈추지 않았기에 가능했다.

'대중 앞에 서는 법'이라는 프로그램으로 지금 수년째 강의를 하고 있다. 각 기수마다 5주에 걸쳐 진행하는데 수강생들의 열정은 남다르다. 처음으로 대중 앞에 설 준비를 하는 수강생도 있지만 이미 대중 앞에 서 본 경험이 있는 수강생이 대부분이다. 그들은 대중 앞에 설 때마다 감동적이고 인상적인 무대적응을 목표로 한다. 자신의 스피치 능력을 향상시켜 청중에게 설득력 있게 다가가고 싶은 이유다. 물론 하고 싶은 말은 많은데 정리가 안 되는 경우, 경직되고 딱딱한 강연으로 기대효과를 거두지 못하는 경우 등 각자 처한 상황이 다르다. 하지만 5주간의 강의와 훈련을 마치면 어느새 전문강사로 대중 앞에 당당하게 서는 모습을 볼 수 있다.

대중 앞에 선다는 것은 설렘이지만 때론 무거운 책임이다. 열 명도 안 되는 소수 인원부터 오백 명, 천 명이 넘는 다수의 인원까지 그들은 자신의 앞에 선 강사에게 이목을 집중한다. 청중의 기대에 찬 시선에 강사는 그만큼 두려움을 느끼고 위축되는 것도 사실이다. 하지만 무대 위에 선 순간 어떠한 어려움이 있더라도 꼭 해내야 한다. 남의 일이 아니다. 본인이 의도하지 않았더라도 어느 순간 자신이 대중 앞에 서야 하는 상황은 온다. 대중 앞에 섰다면 자신이 말하고자 하는 요지를 청중에게 분명하게 각인시켜야 한다.

불행하게도 현실은 생각대로 흐르지 않는다. 매일 만나는 사람들이라는 이유로 방심했다가 아쉬움과 불만족스러움을 남긴 채 강연을 끝낸다. 국어책 읽듯 지루한 강연이 되었거나 장황한 잔소리만 늘어놓는 강연이 되고 만다. 학교 수업시간처럼 빨간 펜으로 밑줄을 그을 수도 없고 형광펜이나 메모지의 도움을 받기도 어렵다. 물론 메모를 하면서 열심히 듣는 사람도 있긴 하지만 장담컨대 그들이 쓴 메모는 어느 순간 휴지통에 버려질 것이다. 대중 앞에 선 강사는 자신의 스피치가 청중의 가슴에 새겨지도록 해야 한다. 쉽지 않은 방법이지만 길이 없는 것도 아니다.

한정된 장소와 인원에서 벗어나 대중 앞에 서는 법을 고민하는 독자들을 만나기 위해 이 책을 썼다. '대중 앞에 서는 법'에 대한 고민은 누구나 한 번쯤은 했을 것이다. 혼자 전전긍긍하며 속을 태웠거나 속만 태우고 있는 사람, 속만 태워야 할 사람에게 유용하도록 경험을 바탕으로 생동감 있게 집필했다. 대중 앞에 선다는 사실은 매우 흥분된다. 자신을 성장시키는 계기가 되기 때문이다.

1장에서는 브레인 스피치로 대중 앞에 서는 법을 담았다. 이제는 누구나 대중 앞에 서야 할 순간이 많아졌다. 발표불안과 두려움을 넘어서는 비법을 소개했다. 무대에 섰을 때 스피치 하는 유형을 분석해 실전 전략을 짜 놓았기 때문에 누구라도 도움 받을 수 있다. 2장은 왓칭 스피치로 청중의 마음을 사로잡는 1% 비법이다. 대중 스피치에서 중요한 목소리와 강연 스킬을 담았다. 일상생활에서 하는 말과 대중 앞에서 말하는 기본 구조를 이해하고 자신만의 특별함을 습득할 수 있도록 배려했다. 3장은 이야기 스피치라는 끌리는 스토리텔링 4가지 공식이다. 대중 앞에 섰을 때 가장 중요한 것은 주제를 어떻게 전달하는가 하는 것이다. 횡설수설하다 끝날 수 있기에 이 장을 특별히 주의해서 읽어야 한다. 강연에 대해 청중의 만족도를 높이는 법이 여기에 살아있다. 4장은 반전 스피치다. 유머가 너희를 자유롭게 하리라는 주제로 썼다. 시대에 따라 유머도 변한다. 자신이 알고 있는 유머를 사용하는 것보다 창의적이고 반전이 있는 유머는 청중을 웃게 한다. 웃으며 듣는 즐거운 강연을 거부할 청중은 없다. 5장은 액추얼 스피치로 대중 앞에 서기 전 꼭 읽어보아야 할 점검 코너이다. 가능하다면 강연에 나가기 전 거듭해서 읽기를 권한다. 강연하는 마음가짐부터 청중 응대법과 마무리까지 강사가 놓치지 말아야 할 것들이 들어있다.

나는 이 책이 당신의 스피치 능력을 향상시킬 수 있다는 것을 확신한다. TV 녹화방송과 생방송, 다양한 단체나 행사 MC, 저자 강연, 청년 멘토 강연 등 수없이 대중 앞에 섰던 경험을 고스란히 담았기 때문이다. 또한 '대중 앞에 서는 법' 수강생들을 지도하면서 그들의 체험과 고민에 통감하며 내가 보고 듣고 깨달은 것들을 담아냈다. 당신이 대중 앞에 섰을 때, 자신감 넘치고 당신만의 특별함이 돋보이기를 바란다. 이 책이 당신을 그렇게 만들어줄 것이다. 믿기지 않는다면 당장 책장을 펼쳐라. 주저하는 사이 당신이 대중 앞에 서야 하는 시간은 다가온다. 자, 이제 준비가 되었는가? '조찬우 스피치 삼단공식'을 구호로 외치며 책 속으로 들어가자.

"스피치는 삶이다!"
"말을 잘하려면 말을 많이 해야 한다!"
"스피치로 나를 바꾸고 세상을 변화시키자!"

글쓴이 조찬우

목차

5장 액추얼 스피치

백전백승 스피치 실전 전략

1장

브레인 스피치

대중 앞에 서는 법

지금은
스피치 시대

스피치의 시작은 나를 알리는 데서 시작되었다. 사람들은 누구나 자신의 생각과 감정을 타인과 함께 나누고 싶은 욕망이 있다. 다른 사람에게 인정받고, 공감하고 싶은 것은 인간의 숙명과도 같은 일이다. 소통하기 위해 스피치는 본능이라고 할 수 있다. 개인주의와 이기주의 때문에 고통스러운 요즘, 현대인들은 소통을 최고의 화두로 여기고 있다. 고통스런 외로움을 이겨내고 서로 화합하고 공존하기 위해서는 소통하는 것이 최선이기 때문이다.

소통의 방법에는 여러 가지가 있다. 글을 쓴다거나 선물을 나누는 것, 음악으로 교감하는 것 등이 그것이다. 하지만 가장 쉽고 빠른 것은 말을 주고받는 것이다. 서로 대화를 나누면서 상대방을 알고, 이해하며 소통해 나갈 수 있다.

현대인들은 직접 만나지 않고 인터넷이나 페이스북과 같은 SNS를 통해 안부를 확인하고 소식을 전하고 있다. 쉽고 간단하며 편리한 방법인데 우리는 소통의 단절을 느낀다. 과학과 기술의 발전이 사람과 사람 사이의 소통을 막고 있는 셈이다. 하지만 진정한 소통을 하려면 직접 만나 얼굴을 마주보며 대화해야 한다.

사람을 평가하는 방법으로 옛 성현들은 '신언서판身言書判'을 들었다. 외모가 출중한 것이 첫째요, 말을 잘하는 것이 둘째이며, 글을 잘 쓰는 것이 그 다음이고, 마지막으로 판단력을 꼽았다. 하지만 요즘은 말을 잘하는 사람이 단연 최고이다. 말을 잘하는 사람은 외모가 조금 떨어져도 상대방의 호감을 살 수 있다. 글을 잘 쓰는 것은 그 능력을 쉽게 펼쳐 보일 기회가 적고, 지식을 대변하는 판단력은 정보화시대에 인터넷 매체를 통해 도움을 받을 수도 있다.

과거에는 말을 많이 하는 사람은 실속이 없고 경박하다고 했다. 과묵하고 점잖은 사람이 믿을 수 있다고 했다. 하지만 이는 과거의 일이다. 머릿속에 수많은 생각이 있다고 해도, 그것이 아무리 뛰어나다고 해도 생각은 생각일 뿐이다. 생각은 밖으로 말이 되어 나와야 비로소 가치가 매겨진다. 말을 잘하는 사람은 자기의 생각을 남에게 전달할 수 있는 사람이다. 자신의 가치는 그가 하는 말로 증명된다. 사람은 그 사람이 하는 말을 통해 자신의 존재를 드러내는 것이다.

요즘 청년실업이 큰 문제로 대두되고 있다. 취업준비생들은 좁은 바늘귀 같은 취업의 문을 뚫기 위해 스펙을 쌓느라 열심이다. 기업에

서는 훌륭한 인재를 채용하는데 노력을 기울인다. 채용 시장에서 기업이 요구하는 능력은 구술과 면접, PT 능력이다. 모두 말과 관련되어 있고 말을 잘해야만 할 수 있는 것들이다.

몇 년 동안 입사준비를 하고 스펙을 쌓기 위해 노력해서 성공적으로 입사를 한 신입사원들이 불과 몇 달을 버티지 못하고 회사를 그만두었다는 이야기를 종종 듣는다. 그 원인은 회사 내에서 원만한 인간관계를 유지하지 못하고, 또 적응하지 못해 본인이 사표를 쓰는 경우가 많기 때문이다.

사회생활을 하게 되면 자신의 입지와 지위가 높아지면 높아질수록 대중 앞에 설 기회가 늘어난다. 평사원에서 대리, 과장, 부장으로 승진하게 되면 조직을 통솔하고 관리해야 한다. 자연스럽게 부하 직원들에게 지시를 내리고 회사의 지침을 전달해야 한다. 결국 회사 내에서 인간관계를 잘 유지하기 위해서도 직원들과의 원활한 소통을 위해서도 가장 중요한 것 중의 하나가 커뮤니케이션 능력이다. 모든 직장인은 직장 안에서나 밖에서 사람들과의 관계를 원활하게 할 수 있는 능력이 필요하다. 갓 입사한 신입사원은 상사에게 업무를 보고하는 능력이 있어야 한다. 대리나 과장은 업무를 추진하는 과정에서 상대의 협조를 구할 설득력과 업무를 계획하고 진행하는 과정에서 필요한 프레젠테이션 능력이 필수다. 간부가 되면 부하들을 이끌 리더십이 절실하다. 또 회사의 매출을 좌지우지하는 외부 거래처나 고객을 상대할 때는 전략적인 설득력이 꼭 필요하다.

여직원이 직장의 꽃으로만 불리던 예전과 다르게 요즘은 다양한 조직 내에서 그 비중이 높아지고 있다. 여직원과의 관계가 좋아야 실적도 오르고 승진도 할 수 있다. 과거에는 남직원들이 술자리에서 직장 내 갈등을 해소하고 접대를 통해 매출을 높이기도 했지만 요즘에는 통하지 않는다. '김영란법'이 통과된 이후 사회분위기는 과거의 관행을 답습하는 것을 허용하지 않는다. 자의식이 높은 신세대 직원은 선약이 있다고 회식을 거부한다. 여직원들도 술자리는 물론 회식도 그다지 좋아하지 않는 경향이 있다. 이러한 시대의 생존에 꼭 필요한 커뮤니케이션과 설득력을 높이는 방법을 배우려면 어떻게 해야 할까?

사실 우리는 원활한 소통을 하려면 어떻게 해야 하는지 제대로 교육받지 못했다. 학교에서도 회사에서도 그에 관한 체계적인 교육 프로그램이 존재하지 않는다. 결국엔 본인 스스로가 자신을 단련시켜 스피치 능력을 키울 수밖에 없다. 성공한 사람들은 다른 사람과의 관계에 능하다. 성공하려면 다른 사람의 마음을 얻어야 하는데 그것은 스피치를 통해 가능하다. 말이 통하지 않는 사람을 매력적이라고 할 수는 없다. 사람은 말을 통해 자신을 드러낸다. 그래서 "말은 곧 그 사람이다."라고도 한다.

독일 철학자 하이데거는 "언어는 존재의 집이다."라고 했다. 말을 잘하는 것은 험난한 세상에서 살아남을 수 있는 경쟁력을 갖는 것이다. 특별한 아이디어가 있어도 학교나 직장에서 윗사람을 설득하지 못한다면 아무 소용이 없다. 하지만 있는 그대로의 자신을 당당하게 드러내고 자신이 갖고 있는 능력을 제대로 표현할 수 있다면 어떠한 정글에 던져져도 살아남을 수 있다.

대기업에 다니는 김 대리는 창의력이 뛰어나다. 회사 내 어려운 문제를 해결할 아이디어를 풍부하게 가지고 있다. 그렇다면 능력 있는 김 대리는 승진을 거듭하며 승승장구할까? 우리는 당연히 그럴 것이라 짐작한다. 하지만 현실은 그렇지 않다. 사실 김 대리는 사람들 앞에서 발표하는 것을 두려워한다. 본인이 아이디어를 냈고 성과도 많지만 발표는 언제나 동료인 서 대리가 도맡아 한다. 결과적으로 김 대리는 번번이 승진심사에서 탈락하게 되고 서 대리는 진급에서 탈락한 적이 없다. 말을 잘하는 서 대리는 김 대리의 아이디어에 자신감과 유머를 곁들인 발표로 자신을 드러내는 것이다. 지금 우리는 말을 잘하는 사람이 인정받는 시대에 살고 있다.

말을 잘한다는 것은 상대방의 마음을 얻어내고 주장에 동조하게 만드는 설득력을 갖는 것이다. 일방적으로 나만의 이득을 얻기 위해 그를 속이는 것이 아니라 함께 성장하고 파이를 키워 나가는 소통의 방식이 된 것이다. 설득은 상대와 나의 공통점을 찾아 윈윈WinWin하는 상생의 전략이다. 그 과정에서 만들어지는 인간관계를 통해 새로운 기회를 만들어 인생 자체를 바꿀 수도 있다.

21세기는 사회가 복잡해지고 교육이 보편화되면서 삶의 질을 높이려는 사람들의 욕망이 커졌다. 우리 사회에는 해결해야 할 수많은 문제들이 산재해 있다. 때로는 촌각을 다투어 해결해야 하는 문제일 수도 있고 오랜 시간 공들여 생각해야 할 수도 있다. 그 어느 문제도 해결 방법이 단순하지 않다. 문제를 제대로 해결하려면 다양한 분야의 전문가들이 협업을 해야 한다. 한 분야의 전문가는 한쪽 면만을 볼 수 있을 뿐이다.

지금은 어떤 한 사람의 힘으로 일을 하는 시대가 아니다. 전방위적으로 많은 사람들의 의견을 모아 결과를 만들어낸다. IT 기술의 발달로 거리나 장소가 문제되지 않는다. 설사 다소 부족한 점이 있더라도 다른 사람과 함께 어려움을 나누고, 서로의 생각을 이해하며 함께하는 사람이 필요하다. 소통을 원활하게 하려면 자신의 의견을 상대방에게 쉽게 전달하고, 이해할 수 있게 표현할 줄 알아야 한다. 지식을 달달 외워 더 많이 아는 것을 중요하게 생각하지 않는다. 그런 능력은 컴퓨터와 인터넷을 이용하면 얼마든지 채울 수 있다. 오히려 필요로 하는 지식과 정보를 빠르게 찾아내는 능력이 필요하다. 그리고 그것을 다른 사람이 이해하기 쉽게 전달하는 사람이 인정받는다.

자신의 가치를 높이려면 대중이 필요로 하는 정보를 어떻게 맞춤형으로 제공할 것인지 연구해야 한다. 성공한 사람들의 가장 큰 특징은 의사소통 능력이 뛰어나다는 것이다. 요즘 도서관에서는 '사람책 프로그램'이 인기다. 책 속에는 작가가 오랫동안 탐구했던 삶의 지혜와 통찰이 적혀 있다. '사람책' 역시 자신이 살면서 겪은 경험담 속에서 뽑아낸 노하우를 어린이들에게 혹은 같은 일을 꿈꾸는 후배에게, 같은 시대를 경험한 동년배에게 보여주고 들려주는 프로그램이다.

어떤 형태로든 누군가에게 무언가를 줄 수 있다는 것은 보람된 일이다. "사랑하는 것은 사랑받는 것보다 행복하다."는 시처럼 받는 사람보다 주는 사람이 더 큰 행복을 누릴 수 있다. 강의를 하는 것도 마찬가지다. 내가 살면서 얻은 지혜를 다른 사람과 나누고 누군가의 마음을 울릴 수 있다면 의미 있는 일이라고 생각한다. 이것이 지금 우리가 스피치를 공부해야 하는 이유이다. 그렇다면 좋은 스피치란 어떤 걸까?

스피치의 궁극적인 목적은 진실된 말로 청중의 마음을 울려 행동을 바꾸게 하고 삶을 바꾸는 것이다. 좋은 스피치는 스피치 본래의 목적을 충실하게 달성한 것이라고 할 수 있다. 청중의 생각을 바꾸고 행동을 바꾸려면 그들 스스로 감동을 받아 울고 웃게 해야 한다. 청중의 고민, 아픔, 슬픔을 깊이 생각하면서 그들을 어루만질 진심을 담아 원고를 쓰고 그것을 자연스럽게 전달하면 된다.

사람들은 말을 잘하는 것은 타고난다고 한다. 하지만 그것은 편견에 지나지 않는다. 좋은 목소리와 예쁜 얼굴은 부모에게 물려받지만 스피치를 하려면 그것만으로는 충분하지 않다. 오히려 꾸준히 연습하고 노력해야 말을 잘하게 될 뿐만 아니라 명강사가 될 수 있다. 잘하고 싶다는 마음만 있으면 그것으로도 충분하다.

발표불안, 두려움을 넘어서면 새로운 세상을 만난다

여러 사람 앞에서 발표를 한다는 상상만으로 불안해하는 사람들이 많다. 발표 날이 다가올수록 점점 자신감은 사라지고 스트레스만 쌓여간다. 밥맛도 없고 다른 일을 할 수도 없다. 모든 일들은 발표가 끝난 뒤로 미룬다. 말을 잘하게 해주는 약이 있다면 제아무리 비싼 값이라도 사고 싶다는 생각이 들 정도다. 발표불안, 두려움의 원인은 무엇일까?

◆ 트라우마

선순환과 악순환이라는 말이 있다. 좋은 일은 또 다시 좋은 일을 낳지만 나쁜 일은 또 다시 나쁜 일을 불러온다. 과거에 대중 앞에서 실수를 한 사람은 그 실수를 또 다시 반복할까 봐 두렵다. 다시는 남들 앞에 서지 않겠다고 결심한 탓에 기회가 올 때마다 이런저런 핑계를 대며 피한다. 하지만 도망친다고 끝날 문제가 아니다. 심호흡을 하자. 누구나 실수할 때가 있다고 가볍게 생각해보자. 작은 성취를 반복해서 자신감을 키워 나가는 것도 하나의 방법이다. 처음엔 소그룹의 지인들 앞에서 발표를 하고, 차츰 좀 더 규모가 큰 낯선 사람들 앞에 서는 연습을 해보는 것이다.

◆ **성격**

활달하고 적극적인 성격의 사람들보다 소심하고 내성적인 사람들이 발표불안을 호소하는 경우가 많다. 하지만 단기간에 성격을 바꾸는 것은 불가능하다. 먼저 자신이 할 수 있는 부분을 체크하자. 부담감을 줄이려면 각자 자신의 성격에 맞게 스피치를 하면 된다. 자신의 장점을 부각시키는 자신만의 스피치를 개발하면 효과적이다.

◆ **경험**

누구에게나 처음은 있다. 사람은 실수하면서 배운다. "바보에게 경험보다 더 좋은 학교는 없다."는 말이 있다. 실패의 데이터가 쌓여야 성공으로 옮겨갈 수 있다는 것을 기억하자.

◆ **준비**

아무리 프로 강사라 하더라도 대중 앞에 서는 것은 두렵다. 그들은 두려움을 연습으로 물리친다. 대중 앞에서 오는 자신감과 여유는 완벽하게 준비된 자만이 누릴 수 있다. 준비하고 또 준비하자.

발표를 할 때 긴장한다는 것은 심리적 원인이 가장 크다. 그래서 마인드 컨트롤이 필요하다. 다음은 도움이 되는 생각들이다.

◆ 내가 지금 두려워하는 것은 지레 겁먹고 상황을 확대 해석했기 때문이다.

- 가볍게 생각해. 사람들과 늘 이야기하며 살잖아. 사람 앞에서 말하는 건 똑같아.
- 설사 실수를 한다고 해도 두려울 게 뭐람. 사람은 누구나 실수를 하는걸.
- 해보지도 않았잖아. 못 할 것이라고 단정 짓지 마. 넌 할 수 있어.
- 나보다 더 떠는 사람도 많아. 이 정도면 괜찮은 거야.

◆ 왜곡된 정보 때문에 오해가 생겨 감정의 변화가 밀어닥친 것이다.

- 생각보다 강연장이 크지 않아. 이 정도의 공간이라면 충분히 할 수 있어.
- 강연장이 작아서 생각보다 청중이 적겠는걸. 마음의 부담을 줄이자.
- 신청자가 적어서 청중이 없네. 이러다 한 명도 오지 않는 거 아니야?

"앉아서는 잘하는데 서서는 안 돼요."

발표를 어려워하는 P여사의 말이다. 평소에는 주위 사람들과 이야기도 잘하고 성격도 원만해서 친한 사람도 많다. 일상생활도 똑 부러지게 잘해서 겉으로는 아무 문제가 없어 보였다. 그런데 사람들 앞에만 서면 식은땀이 나고 머릿속이 하얗게 되면서 아무것도 생각나지 않을 뿐만 아니라 손까지 떨린다고 호소했다. 그래도 앉아서 하면 참을 만한데 사람들 앞에 서는 순간 무너져버린다는 것이다.

P여사의 말을 듣고 보니 주목받는다는 느낌을 받는 순간, 당황해서 어쩔 줄을 모르는 전형적인 발표불안 증세였다. 남들 앞에서 어떤 행동을 할 때는 사람들의 이목이 집중되니 부담감을 갖는 건 당연하다. 혹시라도 틀리거나 실수를 하는 순간 창피당할 수 있으니 잘해야 한다는 부담감은 더 커질 수밖에 없다. 부담감을 못 이긴 한 번의 실수는 또 다른 실수를 낳아 발표불안으로 이어진다.

"처음 사람들 앞에서 땀을 흘리며 벌벌 떨었던 때를 똑똑히 기억해요. 초등학교 6학년 때 합창대회 때였어요. 간주 사이에 저 혼자 대표로 나가 전교생들 앞에서 낭송을 해야 했어요. 어찌나 떨렸는지 어떻게 발표했는지 모르겠더라고요."

그날 이후로 트라우마가 생긴 P여사는 사람들 앞에서 서는 것을 두려워하기 시작했다. 어쩔 수 없이 사람들 앞에 서면 또 다시 그 증상이 반복되었다. 시간이 흐를수록 떠는 정도도 점점 심해졌고 얼굴이 빨개지면서 입 주위가 실룩거리는 일도 있었다.

발표를 기다리는 동안 아무렇지도 않다가도 무대 위에 서는 순간, 얼굴이 빨개지고 가슴이 쿵쾅거리는 걸 느끼는 사람들이 있다. 긴장감을 못 이겨 저절로 손이나 몸이 떨린다. 갑자기 목소리가 갈라지거나 심하게 떨려서 제대로 말을 할 수가 없다. 떠는 정도가 아주 심한 사람은 거친 숨을 내쉬며 온 몸이 굳거나 몸 전체가 빨개지기도 한다.

그 순간 머릿속에는 수만 가지 생각이 오간다. 부끄러워서 무대에서 내려가고 싶고 '사람들이 나를 얼마나 우습게 볼까?' 혹은 '나를 이상한 사람으로 생각할지도 몰라.'라는 생각에 점점 더 나락으로 떨어진다. 부정적인 사고방식을 가진 사람이나 완벽주의자들은 그 정도가 더 심하다. 부정적인 사고를 가진 사람들은 스스로에 대해서도 박하게 평가를 내린다. 실제보다 과하게 자신을 비하하고 비판한다. 끊임없이 다른 사람과 비교하며 열등감에 시달린다. 다른 사람이 자신을 어떻게 볼까 신경을 곤두세우고, 자신을 드러내기 싫어하는 소극적인 성격이라 다른 사람과 잘 지내지 못한다. 반면 긍정적인 사고를 가진 사람들은 어떠한 상황에서도 스스로를 존중하고 자신감 있게 생활한다. 자신의 단점도 너그럽게 받아들이며 스스럼없이 자신을 드러낸다. 매사에 적극적이고 상대방을 있는 그대로 보고 원만한 인간관계를 맺으며 살아간다.

당신은 어떻게 행동하는지 생각해보자. 당황해서 말을 더듬거나 사람들의 눈을 똑바로 쳐다보지 못하는지, 말을 멈추고 주변을 살피거나 때로는 구석진 자리로 숨는지 판단해보자.

"어쩜 그렇게 재미있게 말을 잘하세요?"

강연이 끝난 뒤 내가 청중들로부터 가장 많이 듣는 말이다. 기분 좋게 웃으면서 감사의 인사를 하지만, 고백하자면 강의와 강연을 수 없이 하는 나도 강연 전에는 항상 긴장된다. 낯선 공간과 새로운 청중들을 만나는 일은 아무리 베테랑 강사라 할지라도 두려운 일이다. 하지만 무대 위에 서는 순간, 청중과 하나가 되어 함께 웃고 울다 보면 순식간에 시간이 흘러가곤 한다.

의학적으로도 발표불안은 당연한 증상이라고 한다. 다른 사람 앞에 선다는 것에 대부분의 사람들은 긴장과 스트레스를 받는다. 그러다 보면 정신적, 육체적으로 증상이 나타나는데 그것이 발표불안인 것이다.

발표불안을 극복하려면 먼저 본인의 상황을 객관적으로 파악하는 것이 중요하다. 누구나 실수할 수 있고 답이 틀리면 다시 말하면 된다고 생각을 바꿔야 한다. 사람들은 타인의 실수를 오래 기억하지 않을 뿐만 아니라 그다지 관심이 없는 경우도 많다. 그리고 혹시 실수를 자주 한다 할지라도 남들 앞에 서는 기회를 없애서는 안 된다. 오히려 조금씩 늘리는 것이 좋다. 타인 앞에서 말하는 기회가 많아지면 발표불안은 저절로 사라진다. 주목받는 게 자연스러워지면 발표하는 것도 일상생활처럼 느껴지는 순간이 올 것이다.

우리는 지하철이나 시장에서 햇병아리 대학생이 큰소리로 발표를 한다거나 영업사원들이 물건을 파는 경우를 종종 본다. 다른 사람 앞에 서는 연습을 통해 두려움을 없애고 담력을 키우는 훈련을 하는 것이다. 이런 일을 반복하다 보면 자신도 모르게 발표 실력이 향상된다는 걸 알기 때문이다.

발표불안에서 벗어나고 싶다면 스피치의 단계를 높여가는 것도 좋은 방법이다. 혼자서, 혹은 스마트폰 앞에서 시간을 늘려가며 연습하는 것이다. 처음엔 1분, 그 다음엔 3분, 10분, 30분. 이런 식으로 반복하다 보면 가랑비에 옷 젖듯이 조금씩 실력이 늘 것이다. 이때는 자리에 앉아서 하는 것보다 서서 하는 것이 좋다. 적당한 긴장감이 생겨 효과가 좋기 때문이다.

어느 정도 시간이 지나면 가족이나 친구 앞에서 스피치를 해본다. 나에게 우호적이고 내 편인 사람들 앞에서는 편안한 마음으로 스피치를 할 수 있고, 혹시 실수를 하더라도 여유 있게 다시 시작할 수 있기 때문이다. 이렇게 계속해서 스피치를 반복하다 보면 발표불안의 벽을 깰 수 있을 것이다. 어떤 방법을 사용하든지 크고 당당하고 낭랑한 목소리와 밝고 환한 표정을 잊지 말아야 한다.

스피치에서 가장 중요한 것은 자신감이다. 스피치가 자연스러워지면 자신감이 생긴다. 스스로가 느끼는 어색하고, 부끄럽고, 창피하다는 부정적인 생각을 털어버리자. 그러면 어떤 순간, 어느 장소에서도 당당하게 말하고 자신을 드러내는 일에 거리낌이 없어진다. 사람들은 당차고 자신감 넘치는 당신 모습에 박수를 보낼 것이다. 새로운 사람들과 함께 하는 당신의 삶의 모습도 바뀌는 것이 당연하다.

자신을 점점 작아지게 하고 존재감을 바닥으로 떨어뜨리는 발표불안을 넘어서는 순간 당신은 새로운 인생을 경험할 수 있다. 두려움이라는 알을 깨고 나오면 새로운 세상을 만날 수 있다.

머리로 말하는 스피치

많은 사람들이 "가슴으로 말하라."라고 이야기한다. 뜨거운 진심을 담아 열정적으로 이야기하면 상대방의 가슴으로 전해져 소통을 이룰 수 있다는 말이다. 그럴 수 있다면 얼마나 좋을까? 하지만 현실은 그렇게 단순하지 않다. 내 진심이 왜곡되어 전달될 수도 있고, 나 스스로 진심이라고 믿었던 것도 시간이 흐르고 보면 아닌 것으로 밝혀지기도 한다. 스피치도 마찬가지다.

강연장에 서기 전에 강사들은 청중들에게 자신이 전하고자 하는 메시지를 효과적으로 전달하기 위해 고심하고 또 고심한다. 어떤 내용으로 어떻게 이야기해야 청중이 뜨겁게 반응할지 머릿속으로 수없이 계산하는 것이다. 자신이 전하는 메시지에 청중들은 이렇게 반응할 것이고 그렇다면 나는 그들의 감동을 배가시키기 위해 어떻게 해야 할지 작전을 짜기도 한다. 무대 위에 서는 강사는 청중이 느끼는 감동까지도 계산에 넣고 전략적으로 접근하는 것이다.

또 강사들은 자신이 전달하려는 메시지를 담을 도구들에 대한 고민도 한다. PPT자료에 담을 내용은 무엇이고, 어떤 장면에서 직접 노래를 부를 것인지, 아니면 동영상을 틀 것인지 등 무대 위에서의 연출 하나하나를 꼼꼼히 분석하는 것이다. 강사가 독자 앞에 서기까지의 일련의 과정을 들여다보면 스피치는 가슴이 아닌 머리로 말해야 하는 것이 맞다.

'머리로 말하는 스피치'는 현장에서도 확인할 수 있다. 오랫동안 강연하다 보니 스피치 현장의 분위기가 각양각색이라는 것을 알게 되었다. 청중의 반응이 뜨거운 강연장도 있지만 조용하다 못해 냉랭한 곳도 있다. 따라서 강사도 사람인지라 청중의 반응이나 강연장의 분위기에 따라 열정적인 강연도 하지만 반응을 이끌어내는 데 실패하는 경우도 있다. 하지만 명강사는 그때 그 순간의 감정으로 강연하지 않는다.

오래전에 강연을 하고 있는데 처음부터 끝까지 휴대폰만 들여다보는 청중을 본 적이 있다. 객석 한가운데에 앉아서 강연 시작부터 끝날 때까지 휴대폰에서 눈을 떼지 않았다. 나는 그쪽으로 고개를 돌릴 때마다 온갖 생각이 떠올랐다. '내 강의가 재미가 없나 보다.', '얼마나 듣기 싫으면 저렇게 휴대폰만 들여다볼까?', '저럴 거면 뭐 하러 여기에 왔지?' 이런저런 생각 때문에 강의에 오롯이 집중하기 힘들었다. 강의가 모두 끝난 뒤 나는 그 사람 곁으로 다가가 슬쩍 물었다.

"강연 들을 만했나요?"

그는 나를 보고 활짝 웃으며 말했다.

"네, 정말 좋았어요. 느낀 게 많아요."

그의 말에 나는 큰 충격을 받아 말을 더듬으며 물었다.

"계속 휴대폰만 보시던데요."

그는 다시 천진난만한 얼굴로 나를 보았다.

"아, 그거요. 내용이 너무 좋아서 핸드폰 메모장에 적고 중요한 내용은 녹음도 했어요."

그 말을 듣는 순간 내가 크게 오해했음을 깨달았다. 그리고 감정에 휘둘리지 않고 말하는 것이 얼마나 중요한지를 다시 한 번 느꼈다. 만일 강연장에서 내가 생각했던 것들을 그에게 한 마디라도 했다면 얼마나 큰 낭패였을지 생각만 해도 소름이 돋았다. 나 스스로의 감정에 속아 강연을 망칠 뻔한 사례였다.

이런 오해는 일상생활에서도 흔히 일어난다. 언제가 오랜만에 보고 싶던 친구가 연락해온 적이 있다. 반갑게 안부를 묻고 서로의 스케줄을 체크하고 만나기로 약속했다. 설레는 마음으로 그날을 고대하며 기다리다가 약속 장소로 나갔다. 그런데 아무리 기다려도 친구는 오지 않았고 전화도 받지 않았다. 나는 무척 화가 나 씩씩거리며 집으로 돌아왔다.

'어쩜 이렇게 무례할 수 있지? 나를 얼마나 하찮게 봤으면 이렇게 행동하지? 다시는 연락하나 봐라. 너하고는 끝이야, 끝!'이라고 생각하며, 나는 다시는 그 친구를 보지 않겠다고 굳게 결심했다. 시간이 꽤 흐른 뒤 그 친구가 연락을 해왔다. 나는 받지 않을까 고민하다가 전화를 받았다.

"왜 전화했어?"

나는 그 친구에게 차갑게 물었다. 친구는 그날 약속장소로 나가려는데 아들이 교통사고를 당했다는 전화를 받았고 정신없이 병원으로 달려가느라 아무 생각도 못했다고 말했다. 이제 겨우 좋아져서 정신이 들었다며 미안하다고 여러 번 사과했다.

"그랬구나. 아들은? 아들은 괜찮니? 난 그런 줄도 모르고 오해했어. 내가 더 미안하다."

그 순간 옹졸했던 내가 어찌나 창피했는지 모른다. '평소 친구의 품성을 한 번만 돌이켜 봤다면 그럴 사람이 아니라는 걸 알았을 텐데. 아무래도 무슨 일이 생긴 것 같다고 생각할 수 있었을 텐데.'라는 생각이 들어 자꾸만 후회가 됐다.

또 다른 사건은 지하철에서 벌어졌다. 하루 종일 바쁘게 생활하다가 마지막 일정 때문에 지하철을 탔다. 피곤해서 앉을 곳을 찾았는데 빈자리가 하나도 없었다. 한숨을 내쉬며 고개를 돌리는 순간, 장애인석에 앉아있는 한 청년을 보았다. '멀쩡하게 생긴 녀석이 왜 저기 앉아있는 거야? 장애인석이니 당연히 비워둬야지!'라고 생각하며 나는 그 청년에게 한 마디 해줘야 하지 않을까 고민했다. 그런데 그 순간 청년이 내리려고 일어나서 걷는 걸 보는데 걸음걸이가 어색했다. 고개를 갸우뚱하며 자세히 보니 의족을 착용하고 있었다. 그 순간 내 얼굴이 빨개졌다. 행여 누가 봤을까 걱정되고 내 마음을 누군가 읽었을까 부끄러웠다.

또 한 번은 그림을 보다가 오해를 한 일도 있었다. 루벤스의 작품 중에 '페로와 키몬'이라는 딸이 아버지에게 젖을 먹이는 장면을 그린 그림이 있다. 이 그림을 처음 보는 사람이라면 너무 외설적이라 깜짝 놀라지 않을 수 없다. 나 역시 그랬는데 그림에 숨겨진 사연을 알고 너무 감동받았다. 사실 이 남자는 국가반역죄로 사형선고를 받았고, 그를 죽이는 방법이 음식을 주지 않고 굶어 죽게 하는 것이었다. 그런데 이상하게도 이 남자는 몇 달이 흘러도 죽지 않았다. 이유를 알아보니 딸이 날마다 아버지를 면회 가서 자신의 젖을 먹였던 것이다. 결국 왕은 아버지를 살리려는 딸의 효심에 감동해 석방시켜주었다.

이처럼 우리가 옳다고 믿었던 것들, 혹은 잘못이라고 생각하는 것들이 정반대이거나 오해라는 게 밝혀지기도 한다. 그러므로 우리는 감정에 속지 않는 말하기, 즉 머리로 말하는 스피치를 해야 하는 것이다.

스피치의 소재를 찾는데 있어서도 머리로 말하는 것이 필요하다. '어머니'라는 단어를 보자마자 우리 머릿속에서는 수많은 단어들이 연상된다. 어머니의 모습이 떠오르고, 어머니가 끓여주던 된장찌개의 맛을 기억한다. 어머니가 일구던 논과 밭이 손에 잡힐 듯이 펼쳐지고, 같이 자란 형제들이 그리워진다. 우리 뇌에서 일어나는 연상작용은 하나의 단어가 수많은 가지를 치는 마법을 불러온다. 이때 생각지도 못한 에피소드를 발견하고 삶의 철학을 발견하기도 한다.

스피치는 자기다움을 찾는 것

사람들은 자신에 대해서 잘 모른다. 아니 알려고 하지 않는 것 같다. 세상에서 발생하는 많은 문제들은 자신을 잘 알지 못하는 데서 시작된다.

TV에서 '나는 자연인이다'라는 프로그램을 본 적이 있다. 실제로 우리 주변에는 "시골에 가서 살고 싶다.", "은퇴하면 전원생활을 하는 게 꿈이다.", "할 수 있다면 지금 당장이라도 도시를 떠나고 싶다." 라고 말하는 사람들이 많다. 하지만 그중에는 절대로 시골에서 살 수 없는 사람들도 있다. 객관적인 시선으로 자신을 바라보지 못하는 사람들이다. 시골 생활은 그리 만만하지 않다.

자신을 안다는 것은 중요하다. 내가 좋아하는 것과 싫어하는 게 무엇인지 알아야 올바른 선택을 할 수 있다. 내가 할 수 있는 것과 할 수 없는 것을 알아야 잘못된 선택으로 인한 피해를 막을 수 있다.

스피치도 마찬가지다. 자신이 어떤 사람인지 알면 그에 맞추어 스피치 전략을 짤 수 있다. 단점을 보완하고 자신의 장점을 살려 멋진 스피치를 할 수 있는 것이다. 자신의 스타일에 맞는 맞춤형 강의 기법으로 최적화한다면 명강사가 될 수 있다. 자신의 경쟁력은 자기 안에서 찾고, 그것을 최대 강점으로 키워 나가면 된다.

자신이 어떤 사람인지 파악하는 데 MBTI나 에니어그램을 활용하는 것도 방법이다.

MBTI는 개인이 쉽게 응답할 수 있는 자기보고 문항을 통해 각자가 인식하고 판단할 때 선호하는 경향을 찾아낸 후, 그 경향들이 행동에 어떤 영향을 끼치는지 파악한다. 성격유형은 모두 16개이며 외향형과 내향형, 감각형과 직관형, 사고형과 감정형, 판단형과 인식형 등 네 가지의 분리된 선호경향으로 구성된다. 선호경향은 교육이나 환경의 영향을 받기 이전에 잠재되어 있는 선천적 심리경향을 말하며, 각 개인은 자신의 기질과 성향에 따라 각각 네 가지의 한쪽 성향을 띠게 된다.

에니어그램Enneagram은 사람을 9가지 성격으로 분류하는 성격 유형 지표이자 인간이해의 틀이다. 고대 동양의 지혜에서 비롯된 인간 이해와 성숙의 도구로써 직장, 가족, 친구 사이의 역동을 이해하고 나의 내면을 탐구하는데 유용한 도구이다. 9가지의 성격유형으로 81 문항으로 된 전국 표준화검사이다.

요즘에는 개인의 성격을 뇌파측정으로 쉽게 진단하기도 한다. 사람들의 두뇌에서는 매 순간 뇌파가 흘러나오고 있다. 뇌파란 뇌신경 사이에 신호가 전달될 때 생기는 전기의 흐름을 말한다. '뇌에서 나오는 신호' 혹은 '뇌의 목소리'라고 할 수 있다. 뇌의 활동 상태에 따라 델타파, 세타파, 알파파, 베타파로 나뉜다. 수면이나 삼매경에 이르는 명상, 의식 불명 상태에서 나타난다고 하는데 어떤 파장의 분비가 많은가에 따라 사람의 성향과 성격이 달라진다는 것이다. 또한 전두엽과 두정엽의 활성화를 판별하여 성격을 판별하기도 한다. 외향적, 안정적, 신경질적, 내향적으로 평가가 가능한데 전문기관에서 검사하고 결과를 받아야 한다는 번거로움이 있지만, 자신을 정확하게 분석할 수 있는 방법이기도 하다.

◆ 적을 알고 나를 알면 언제나 이기는 발표 유형

발표행동 유형은 외향적Outgoing이며 이성적Rationality인 리더형O-R, 외향적Outgoing이며 감성적Sensitivity인 사교형O-S, 내향적Introvert이며 감성적Sensitivity인 온정형I-R, 내향적Introvert이며 이성적Rationality인 신중형I-S으로 나눌 수 있다.

리더형은 청중의 시선을 장악하는 자신감이 넘치는 스타일이다. 때로는 청중에게 자신의 생각을 주입시키려는 경향을 보인다.

사교형은 열정적이고 활발하다. 밝은 느낌으로 호감을 얻는 반면 조급한 기질이 있을 수 있고 전체를 보는 안목이 떨어질 수 있다.

온정형은 청중을 배려하고 청중의 감성을 자극하는 사람이다. 하지만 감정에 치우쳐 논조를 흐트러뜨릴 가능성이 있다.

신중형은 분석적이고 치밀해서 객관적이고 논리적인 발표가 가능하다. 단점으로는 냉정함과 유머러스함이 떨어질 수 있다.

(1) 자신감 넘치는 리더형

리더형은 직선적이고 도전적이며 경쟁심과 자립심이 강한 성격이 대부분이다. 자신감이 있으나 타인의 감정에 무관심한 편이다. 언제나 에너지가 넘치며 카리스마가 있다. 활동적이고 자기주장이 강하다. 생각하면 바로 행동으로 옮기는 사람으로 판단이 빠르다. 스피치를 할 때도 요점과 결론을 빨리 결정한다. 사람들과 커뮤니케이션을 할 때도 본론부터 말하고 평가와 비판을 좋아한다. 짧고 강한 어조로 이야기하며 확신에 차 있다. 항상 자신만만하고 주관적인 경향이 있다.

리더형의 대표적인 사람으로 정치인에서 작가의 자리로 돌아온 유시민을 들 수 있다. 그는 대중들이 알지 못하는 사회적 현상들을 명쾌하게 풀어내 소시민들의 열렬한 환영을 받고 있다.

TV에서 그의 인터뷰를 본적이 있다. 그는 "멘토가 있느냐?"라는 질문에 단정적으로 "없다."라고 했다. 그는 곧바로 "나는 멘토도 없고 멘티도 없다. 나에게는 스승이 있을 뿐이다."라고 말했다. 둘의 차이를 묻는 사회자에게 그는 이렇게 답했다.

"멘토는 멘티에 대해 책임을 져야 한다. 나는 멘토가 될 생각도 능력도 없다. 나에게 멘토는 없었지만 스승은 있다. 그분들은 자신들의 삶을 치열하게 사셨다. 나는 그분들의 모습을 보며 자랐고, 지금은 내 나름의 삶을 살고 있다. 내 스승은 나에 대한 어떤 책임도 없으며 단지 당신들의 삶을 사실 뿐이다."

그의 말은 짧지만 강렬했다. 정확하게 핵심을 뚫는 그의 말은 나에게 강력한 울림으로 남아있다. 한번은 TV프로그램 '알쓸신잡'에서 유희열이 유시민에게 이렇게 물었다.

"선생님은 왜 정치를 그만두셨어요?"

"행복하지가 않았거든. 어느 날 인터넷에서 정치를 하던 시절의 내 얼굴을 쭉 훑어 본 적이 있어. 그런데 그 얼굴 표정이 내 마음에 안 들더라고. 날카롭고 뭔가 불만투성이였어. 내가 정치를 계속한다면 앞으로도 이렇게 이런 얼굴로 살아야 하는구나 싶었지. 그 순간 이렇게 살면 안 되겠다는 걸 알았지."

보통 사람들은 자신의 진로를 바꾸는 게 쉽지 않다. 더구나 권력을 맛본 사람으로서는 더욱 어려웠을 것이다. 판단이 빠르고 생각을 바로 행동으로 옮기는 리더형다운 결정이었다.

"인간은 자유롭게 태어났으며 자유롭게 살 권리가 있다."로 시작되는 유시민의 '항소이유서'는 '서울대 프락치 사건'에 연루되어 폭력 혐의로 기소된 유시민이 항소 이유를 써낸 것이다. 그는 당시 권력을 비판하고 법보다는 양심을 따랐다고 했다. 그는 '항소이유서'의 마지막을 다음과 같이 적었다.

"슬픔도 노여움도 없이 살아가는 자는 조국을 사랑하고 있지 않다."

직선적이고 도전적이며 카리스마가 넘치는 리더형인 유시민다운 글이다.

리더형의 발표 전략의 핵심은 "청중을 분석하고 그들과 함께 소통하라!"이다. 물론 강사가 준비한 이론과 주장을 드러내야 할 때도 있다. 하지만 그럴 때도 자신의 생각을 너무 강요하거나 논쟁을 유도하지 말고 청중의 입장을 한 번씩 언급해줘야 한다. 자신감이 넘치고 주관적인 유형이라 강연에 몰입하게 되면 끝내야 할 타이밍을 놓칠 수도 있다. 말할 때도 너무 길어지지 않게 발표시간을 잘 지키도록 해야 한다.

자기주장이 강한 리더형은 청중에게 초점을 맞추지 않고 자신의 이야기를 일방적으로 전달할 여지가 있다. 스피치는 강연자 자신의 이야기를 해서는 안 된다. 초점을 청중에게 맞추고 그들이 원하는 이야기를 해야 한다. 그래야 청중이 적극적으로 강연에 참여할 수 있다. 청중과 소통하는 강연이야말로 성공적인 강연이다.

(2) 열정적이고 활발한 사교형

사교형의 사람들은 사교적이며 열정적인 성격으로 붙임성이 좋다. 매사에 낙천적이고 사람을 설득하는 힘이 뛰어나다. 그러나 마음 깊은 곳에는 거부당하는 것을 두려워하며 체계적이지 못한 단점이 있다. 사람과의 관계를 맺을 때에도 유머러스하고 재치가 있어서 인기가 많다. 제스처나 언어 구사력이 좋고 생동감이 있으며 칭찬을 들으면 반응이 빠르다.

사교형을 대표하는 인물은 빌 클린턴을 꼽을 수 있다. 미국의 42대 대통령으로 1993년부터 2001년까지 8년의 재임기간 내내 미국

경제를 호황으로 이끌었다. 다정다감하고 사람을 끄는 매력은 그가 만나는 사람들에게 보이는 친절함과 배려를 통해 드러났다.

빌 클린턴이 그의 자서전 《빌 클린턴의 마이 라이프》 출간기념회에 참석하려고 우리나라를 찾은 적이 있었다. 그는 몸이 불편한 김대중 대통령이 일어날 때 손을 잡아주었고 축사에 대한 감사도 잊지 않았다. 독자들과 눈높이를 같이하고 끝날 때까지 친절하게 예의를 다했다. 서툰 영어로 질문하는 독자의 말을 집중해서 듣고 최선을 다해 답해주었다. 출판기념회가 끝나고 사인회를 할 때 많은 사람들이 한꺼번에 밀려들어 혼란스러워졌다. 하지만 그는 한 사람 한 사람에게 최선을 다했고, 일정상 미처 사인회를 다 못 하게 되자 진심으로 미안해했다.

연예인 중에서 사교형을 찾는다면 탤런트 김희선을 들 수 있다. 항상 유쾌하고 발랄하며 엉뚱한 면이 있는 인기가 많은 배우이다. 그녀는 '섬총사'라는 TV프로그램에서 유감없이 그 매력을 발산했다. 유머 있고 생동감이 넘치는 전형적인 사교형이었다. 개그맨 김영철 역시 전형적인 사교형이다. 영어 잘하는 개그맨으로 전성기를 구가하고 있는 그는 일을 시작한 뒤로 단 한 주도 쉬지 않았다고 한다. 그런 그의 인기 비결은 꾸준한 노력과 함께 지치지 않는 열정과 활발한 성격이다.

사교형의 발표 전략은 "먼저 발표 내용 전체를 숙지한 뒤 순서를 기억하라."이다. 체계적이지 못하고 성격이 즉흥적인 사교형의 사람들은 세세한 내용을 잊어버리고 대충 넘어가는 경향이 많기 때문에, 발표 내용을 구조화해서 기억해야 한다. 대충 읽어보고 '이 정도면 되겠지.'라고 생각하면 안 된다. '어떻게든 되겠지.'라고 막연하게 기대해서도 안 된다. 강연에는 수많은 변수가 있기 때문에 철저하게 준비하지 않으면 돌발 상황에 대비할 수 없다. 강의안을 꼼꼼하게 작성한 뒤 잘 보이는 곳에 정리해두고, 저절로 떠오를 때까지 반복 또 반복해서 기억해야 한다. 꼼꼼하게 체크하지 않으면 현장에서 할 말을 잊고 당황할 수 있기 때문이다.

(3) 청중을 배려하는 온정형

온정형의 사람들은 안정되어 있고 다른 사람들에게 협조적이다. 신중하고 매사에 충실하며 참을성이 강하다. 변화보다는 현실에 안주하는 걸 좋아하고 정해진 것에 익숙하다.

또한 주위 사람들에게 친근감을 주고 두루두루 원만한 인간관계를 맺고 있다. 성실하고 책임감이 투철하지만 무리하지는 않는다. 이들은 나서거나 주목받는 걸 싫어한다. 사람들과의 관계에서도 논쟁을 피하고 주로 경청하는 쪽이다. 목소리가 작고 제스처도 없으며 감정 표출을 자제하여 존재감이 작다. 이들 대부분은 '다른 사람이 나를 어떻게 생각할까?'에 대한 걱정이 많다. 다른 사람의 요구를 거절하는 게 어렵고 자기의 의견을 적극적으로 내세우면 상대가 자신을 싫어할지도 모른다는 생각에 자신의 의견을 쉽게 드러내지 않는다.

온정형으로 대표할 만한 가까운 지인이 있다. 평소 말수가 적고 차분한 성격의 그녀는 오십이 넘은 나이에도 소녀 감성을 갖고 있다. 그녀는 맡겨진 일들을 묵묵히 성실하게 해내서 "언제 이걸 다했느냐."라며 주위 사람들을 놀라게 한다. 다른 사람에게 싫은 소리를 하지 못하고 본인도 그런 말을 듣는 걸 싫어한다. 그래서 거절을 못 하는 자신의 성격을 심각하게 고민한 적이 많다고 했다. 그런 성격 때문에 필요 없는 보험을 가입하고, 건강식품이나 화장품 같은 걸 산다는 것이다. 또한 다툼이 일어나면 언제나 본인이 손해 보는 쪽으로 일을 처리하곤 한다.

한 번은 이런 경우도 있었다고 했다. 인터넷으로 물건을 구입했는데 배송 과정에서 사라졌다. 택배아저씨는 아파트 문 앞에 두었다고 하는데 그곳에는 물건이 없었다. 어떻게 하면 좋으냐는 그녀의 물음에 택배아저씨는 CCTV를 확인하면 누가 가져갔는지 알 수 있으니 범인을 잡아서 처리하자고 했다. 하지만 그녀는 그렇게 하지 않았다. 물건을 가져간 사람이 같은 아파트 주민일 가능성이 큰데, 설사 안다고 해도 어쩌겠냐는 것이었다. 서로 얼굴을 맞대고 살아야 하는데 그냥 모르는 게 낫다고 했다. 그녀는 물건을 다시 구입하고 택배아저씨에게도 더 이상 책임을 묻지 않았다. 그녀의 그런 행동이 현명한 건지 미련한 건지 아리송하기만 하다.

또한 그녀는 소리에 민감해서 크거나 날카로운 소리를 무서워했고, 이웃에게 피해가 갈까 봐 항상 소음에 신경을 곤두세운다고 했다. 그리고 싸움이나 분란도 되도록 피했다. 이렇게 매사에 정면으로 부딪치지 않고 피하는 그녀가 너무 답답했다. 늘 손해만 보면서 마음

편한 게 제일이라고 말하는 그녀가 바보처럼 보이는 것이다. 자잘한 걱정이 많은 그녀를 보면 걱정을 사서 하는 것 같아서 속상하다. 눈물이 많고 여린 그녀가 혼자서 눈물 흘리며 참고 또 참을 것을 알기에 마음이 아플 때도 있다. 사람들은 이런 그녀에게 진국이라고 말한다. 변화를 싫어하고 늘 그 자리에 묵묵히 서 있는 그녀에게 참 적합한 말이라는 생각이 든다.

이런 온정형의 사람들의 발표 전략은 "핵심 문장을 만들고 그 주제에 확신을 가져라."이다. 온정형은 우유부단한 성격 때문에 스스로에 대한 확신이 필요하다. 강의안을 작성할 때에도 스스로 납득되지 않으면 그 내용을 적지 못한다. 진위를 정확히 알았을 때에야 비로소 청중에게 전할 수 있다고 생각한다. 성격 때문에 청중에게 확신을 주기가 쉽지 않다. 그러므로 핵심 문장을 만들어 전달하고자 하는 내용을 청중들에게 확실하게 각인시키는 것이 좋다. 짧으면서도 강렬한 문장은 신중한 성격 때문에 단정적으로 말하지 못하는 온정형의 결점을 감춰줄 것이다. 차분하고 신중한 장점을 살려 외유내강의 마음으로 부드러우면서도 논리적으로 강연하면 된다.

평소에 자신을 잘 드러내지 못하는 온정형의 사람들은 다른 사람 앞에 선 경험이 별로 없다. 따라서 해야 할 말은 많은데 대중 앞에 서 보지 않아서 횡설수설할 여지가 많다. 머릿속에 떠다니는 생각은 많지만 떨거나 당황해서 제대로 드러내지 못하는 것이다. 이때는 요점이 없고 장황해질 수 있으므로 단문을 많이 사용하는 것이 좋다. 짧은 문장은 청중이 쉽게 이해하고 받아들이는 장점이 있다.

확실한 의사표현이 서툰 온정형은 강연할 때 자신감이 있어 보이도록 어미를 단호하게 끊을 필요가 있다. '~같아요.'나 '~해야 하지 않을까요?'와 같은 어미는 '~이다.'나 '~해야 한다.'처럼 짧고 강한 어미를 사용하는 것이 좋다. 본인 스스로도 확신하지 못하는 말투로 청중을 설득하려는 것은 어불성설이다.

(4) 분석적이고 치밀한 신중형

신중형의 사람들은 분석적이고 논리적인 성격으로 정확성을 요구하며 완벽을 추구한다. 비판과 여론에 민감하게 반응하며 예의가 바르다. 말을 할 때에도 미사여구가 없고 간결하다. 일정한 톤으로 천천히 이야기하며 격식과 예의를 갖추어 정리해서 말한다.

신중형을 대표하는 인물로는 JTBC 사장 손석희를 들 수 있다. 우리나라 대표 언론인으로 꼽히는 손석희는 '100분 토론'을 통해 수많은 사람들과 인터뷰했다. 손석희는 뛰어난 순발력과 판단력으로 수많은 사람들과 논쟁을 자연스럽게 이끌어 나간다. 어떠한 상황에서도 흥분하지 않고 차분하게 이야기하는 그의 화법은 논리 있게 들리고 듣는 사람을 몰입하게 만든다.

프랑스 여배우 브리지드 바르도는 우리나라에서 개고기를 먹는 풍습에 대해 맹렬히 비난하는 것으로 알려져 있다. 손석희는 브리지드 바르도와 인터뷰를 한 적이 있는데 손석희의 인터뷰 내용을 살펴보면서 그의 특징을 알아보자.

손석희 브리지트바르도 씨의 말씀을 듣고 설득되는 쪽보다는 불쾌하게 여기는 반응이 많았습니다. 여기에 대해 어떻게 생각하십니까?

브리지트 바르도 불쾌하게 여겨도 어쩔 수 없습니다. 나는 나의 전투를 계속해 나갈 것입니다.

손석희 한국의 역사나 문화에 대한 지식 없이 개고기를 먹는다는 사실 하나만으로 비판한다는 시각이 있습니다. 당신은 한국의 문화나 역사에 대해서 얼마나 알고 계십니까?

브리지드 바르도 한국의 번역된 동화를 읽은 적이 있습니다. 그 동화 속에서는 많은 남자, 여자들이 한국의 전통적인 한복을 입고 있었습니다.

손석희 인도에서는 소를 먹지 않는다고 해서 다른 나라 사람들이 소를 먹는 것에 대해서 반대하지 않습니다. 이러한 문화적인 차이에 대해서 인정하실 생각이 없으십니까?

브리지드 바르도 물론 저는 그러한 문화적인 차이를 인정합니다. 그러나 소는 먹기 위한 동물이지만 개는 그렇지 않습니다. 한국을 비롯한 아시아의 몇 개국을 제외한 세계 어느 나라에서도 개를 먹지 않습니다. 문화적인 나라라면 어떠한 나라에서도 개를 먹지 않습니다.

손석희 소를 먹기 위한 나라도 있지만 개를 먹기 위해서 키우는 나라도 있을 수 있습니다. 개를 먹기 위해서 키우는 나라가 소수라고 해서 배척을 받는다면 문화적인 차이를 인정하지 못하는 것 아닙니까?

브리지드 바르도 나는 개를 먹는 사람에 대해 결코 존중해줄 수 없습니다. 아무리 차이점을 인정한다고 해도 거기에 한계가 있습니다. 한국 사람들이 아무리 나를 증오한다고 해도 할 수 없습니다. 이번 12월 15일 축구협회 회장과 함께하는 회의가 있는데 나는 그 자리에서 한국의 모든 실상을 고발할 것입니다.

손석희 알겠습니다. 이 문제로 더 얘기하는 것은 무의미해보입니다. 프랑스 민영방송에서 한국 학생이 개고기를 간식으로 싸가는 장면이 방송된 바 있습니다. 사실을 필요 이상으로 왜곡한 데 대해 프랑스가 사과해야 된다고 보지 않으십니까?

브리지드 바르도 그것은 당연한 일입니다. 한국 사람들이 개고기를 계속해서 먹는다면 그런 식으로 한국인들을 앞으로도 희화화하고 우스꽝스럽게 만들 것입니다. 내가 이미 여러 차례 경고했습니다.

손석희 그렇다면 우리나라 TV에서 프랑스 사람들을 남의 말을 이해하지 못하는 고집불통으로 희화화한다면 어떻겠습니까?

브리지드 바르도 마음대로 하십시오. 프랑스에 대해서건, 프랑스 사람에 대해서건 나에 대해서건 마음대로 말하십시오. 다만 개고기를 먹지 마십시오.

손석희 한국에서 개고기를 먹는 사람이 얼마나 된다고 생각하십니까?

브리지드 바르도 잘 모르겠습니다. 다만 한 사람이 개고기를 먹는다고 해도 그건 불필요한 일입니다.

손석희 그럼 새로운 사실을 말씀드리죠. 제가 아는 프랑스인은 한국에 와서 개고기를 먹기 시작했습니다. 프랑스인뿐만 아니라 한국에 온 미국인, 독일인 몇 명도 개고기를 먹은 적이 있다고 경험담을 얘기한 바가 있습니다. 그리고 그 사람들은 지금도 개고기를 먹고 있습니다. 이것은 사실입니다. 그렇다면 저희는 프랑스 사람, 독일 사람, 미국 사람들의 대다수가 개고기를 먹을 수 있다고 생각해도 되겠습니까? 즉 이렇게 과장해서 얘기해도 되냐는 겁니다.

브리지드 바르도 그것은 사실이 아닙니다. 프랑스인, 독일인, 미국인들은 절대로 개고기를 먹을 수 없습니다. 그것이 개고기인 줄 몰랐다면 가능한 일이겠죠. 하지만 그것이 개고기인 줄 알았다면 결코 그것을 먹을 수 없습니다. 여러분들이 그것은 돼지고기, 소고기라고 얘기했겠지요. 나는 여러분들과 더 이상 인터뷰를 하고 싶지 않습니다. 왜냐하면 거짓말을 하는 사람과는 얘기할 수 없기 때문입니다. 다만 여러분들에게 앞으로 어떠한 일이 닥칠지 알게 되기를 바랍니다.

(브리지드 바르도가 일방적으로 전화를 끊었다.)

손석희 브리지트 바르도 씨는 거짓말이라고 했지만 그것은 어디까지나 사실에 기초한 질문이었습니다. 한국인이라면 몰라도 프랑스인, 미국인이라면 결코 개고기를 먹지 않는다는 브리지트 바르도의 강변을 통해서 그녀가 동물애호가라기보다 차라리 인종차별주의자라는 결론을 얻게 됩니다. 이번 인터뷰는 어디까지나 서로의 문화적 차이를 이해하는 목적으로 기획됐지만, 개고기를 먹느냐 안 먹느냐를 가지고 민족적 차별로 귀결된 점에 대해 안타까움을 느낍니다.

브리지드 바르도의 인터뷰를 보면 그녀가 객관적인 근거를 드러내지 못하고 감정에 치우쳐 일방적으로 자신의 주장을 막무가내로 밀어붙이고 있음을 알 수 있다. 하지만 손석희는 한 치의 흐트러짐 없이 논리적으로 묻고 반박하고 있다. 말도 안 되는 내용임에도 끝까지 예의를 잃지 않고 완벽하게 인터뷰를 마치고 있다.

신중형인 사람들의 발표 전략은 "자신의 이야기가 아니라 청중의 이야기를 하라."이다. 손석희와 브리지드 바르도의 경우에서처럼 손석희는 자신을 드러내지 않고 질문을 통해 브리지드 바르도가 말하게 했다. 하지만 그는 그 과정을 통해 브리지드 바르도가 논리적인 허점을 드러내고 마음 속 저 밑바닥을 보이도록 만들었다.

신중형의 강연 역시 이러한 방식이 필요하다. 대중들의 생각을 강연에 반영해서 청중의 동의를 구하고 그것의 허점을 청중 스스로 깨닫게 만들어야 한다. 평소에 전혀 생각지 못했던 지점을 짚어서 "아, 그렇구나." 혹은 "유레카!"라는 감탄사를 하도록 만들면 더 좋을 것이다.

냉철하게 분석하고 이성적으로 접근하는 것이 일상화되어 있는 신중형은 강연 내용 역시 시종일관 진지하고 재미가 없을 수 있다. 본인이 하고 싶은 말보다는 청중에게 필요한 말을 찾아 그들의 언어로 들려주려고 노력해야 한다. 딱딱하게 보이지 않도록 친근하고 감성적인 코드를 찾아야 한다. 중간 중간에 유머와 센스 있는 배려를 잊지 말아야 한다.

◆ 아리스토텔레스가 제시한 설득의 법칙

핵심메시지를 전달할 때 유의할 점은 청중이 설득되어야 한다는 점이다. 강연자가 대중 앞에 서는 목적과 서로 상통하는 점인데 청중의 마음을 움직이기 위해 핵심메시지로 설득해야 한다. 청중에게 확실한 신뢰를 주지 못하면 설득당하지 않을 뿐만 아니라 반감을 불러일으키기도 한다. 청중의 설득여부는 오롯이 강연자에게 달려 있다. 다음의 설득비법을 참고하여 스피치에 대입해보자.

① 에토스Ethos

인격, 신뢰, 명예를 의미한다. 이야기를 하는 사람은 평판이 좋아야 하고 성실성을 기반으로 청중과의 관계를 확립해야 한다. 물건을 살 때 제품을 만든 회사의 브랜드는 중요하게 작용한다. 브랜드 가치가 높을수록 믿을 수 있다는 것이다. 대중 앞에서 스피치를 하는 것은 정보 전달의 목적도 있지만 자신의 인생관이나 성공사례, 철학 등을 피력하는 것이다. 그만큼 대중의 삶에 영향력을 발휘할 수 있다. 당신은 대중이 지지할 수 있는 인격과 신뢰도를 갖춰야 한다. 이것이 대중 앞에 설 수 있는 필수 요소다.

양심과 도덕성은 물론이고 정의로움까지 탑재해보라. 당신의 삶이 달라지고 대중은 그 모습에 신망을 보인다.

② 로고스Logos

논리적인 설명을 말한다. 말하고자 하는 내용이 잘 정리되어 있고 대중의 마음을 이성으로 움직여야 한다. 감성을 자극하는 스피치는 동정을 불러올 뿐이다. 상대적으로 자신이 낫다고 판단해서 스스로 용기를 북돋우는 것은 지양해야 한다. 어두웠던 과거, 불치병, 가난 등은 매체와 장소를 불문하고 소재가 된다. 자칫 감정에 호소하여 신파로 흐르기 쉽다. 그런 상황을 빼놓을 수 없다면 간단하게 전하라. 모든 사람은 힘든 경험 하나쯤 다 가지고 있다. 감성보다는 이성으로, 가슴보다는 머리로 말을 전달하는 게 합리적이다. 동정보다는 동감을 이끌어야 한다.

③ **파토스**Pathos

관계를 중요시하며 주관적 판단에 호소하는 것을 말한다. 강연자는 보여주기, 들려주기만 하면 된다. 전달자로서 역할을 충실하게 하면 청중은 변별력을 가지고 이해하고 반응한다. 분노, 동정, 두려움, 환희 등 감수성을 자극하여 청중을 설득시키는 방법이다. 객관적인 스피치에 대중이 감성적으로 답하는 것이다.

필요한 말은 꼭 해야 한다. 아울러 경우에 따라서는 많은 말이 필요하기도 하다. 말을 많이 하면 당신은 분명히 해야 말을 잘하게 될 것이다. 그러나 허황되거나 허무맹랑한 말은 신빙성에 의문을 갖게 하고 결국 신뢰를 잃게 한다. 말에는 반드시 진정성이 필요하다. 진정성이 없는 말은 결코 청중을 울리지 못한다. "아무리 좋은 스킬이 있더라도 진정성을 이길 수 없다."라는 이 말을 꼭 명심할 필요가 있다.

실전을 위한 연습 Tip

▶ 자신의 인생을 봄/여름/가을/겨울로 나눠서 적어보세요.

예시)

학창시절- 여름

저의 학창시절 별명은 신의 혓바닥이었습니다. 언어의 재치가 뛰어나 친구들이 붙여주었습니다. 항상 제 주변에는 웃음이 떠나질 않았습니다. 그 덕분에 주변에 친구들이 많았습니다. 그래서 저의 학창시절을 바캉스가 있는 시원한 바다 같은 여름이라고 정했습니다.

20대- 겨울

저의 20대는 방송에 미쳤던 시기였습니다. SBS 공채 개그맨에 합격해서 KBS 시사교양국 리포터와 MC로 종횡무신했시반 대중들에게 큰 인기를 받는 연예인이 되지는 못했습니다. 크리스마스도 있고 눈도 내리는 화려한 겨울이지만, 추위와 감기가 함께 공존하는 겨울로 표현하고 싶습니다.

30대- 가을

조금씩 모든 게 무르익고 결실을 맺는 가을로 표현하고 싶습니다. 청춘의 무모함과 인생의 노련함을 조금은 이해할 수 있게 된 30대입니다. 20대와 다른 전략적 도전과 결실을 맺고 있는데 풍요로운 수확의 계절 가을로 표현하고 싶습니다.

40대- 봄

봄은 모든 새싹과 만물의 탄생을 알리는 계절입니다. 저의 40대는 인간 조찬우가 다시 새롭게 탄생하게 되는 봄으로 표현하고 싶습니다.

▶ 하루에 하나씩 명언을 찾아 써보세요.

2장

왓칭 스피치

청중의 마음을 사로잡는 1% 비법

스피치는 삶이다

스피치 강좌를 운영하면서 초보자들에게 가장 많이 듣는 말은 "무슨 이야기를 어떻게 해야 해요?"이다. 사람들 앞에 섰을 때 뭔가 재미있고 유익한 이야기를 해야 할 것 같은데 빈 주머니만 들고 있으니 어떻게 해야 하느냐는 것이다.

강의를 잘하려면 청중들이 관심 있는 주제를 찾아 그들이 원하는 말을 해주어야 한다. 강사가 하고 싶은 이야기를 하는 것이 아니라 청중이 듣고 싶은 이야기를 하라는 것이다. 청중들은 강사에게서 자신들이 고민하고 있는 문제를 해결할 실마리를 듣기 원하고, 본인들이 살고 싶은 삶으로 가는 이정표를 원한다. 명강의는 청중과의 공감대를 만드는 데 성공한 강연이다.

우리 말 '보다'에 해당하는 영어 단어에는 'see', 'look at', 'watching'이 있다. 그런데 이 각각의 단어에는 미세한 차이가 있다. 'see'는 문자 그대로 눈으로 보는 행위를 말하지만 'look at'은 뭔가를 발견하기 위해 찾아본다는 뜻이다. 'watching'은 시간과 관심을 기울여 지켜보는 것, 주시할 때 쓰는 말이다. 위에서 자세히 봐야 한다는 말은 바로 'watching'을 뜻한다. 청중의 마음을 울리는 말을 하려면 자세히 봐야 한다. 사물의 본질을 깨닫기 위해 노력하고 또 노력해야 한다. 이것이 '왓칭 스피치'의 기본이다. 그동안 무심코 지나쳤던 세상의 모든 일에 관심을 보이고 호기심을 갖고 세상 속으로 나아가야 한다. 아파트 앞 공원에 멍하니 앉아있는 노인들, 시내버스 속에서 들을 수 있는 각양각색의 대화, 무심코 올려다본 하늘, 드라마 속 인물 등.

관찰력이 커지면 신기하게도 보이지 않던 것들이 보이고 들리지 않던 것들이 들리는 것에 놀라게 된다. 그리고 그것들을 모으다 보면 주머니 속에 이야기할 거리들이 쌓인다. 보고 들으며 관찰한 모든 것들이 강연의 소재가 될 수 있다. 그렇다고 많이 아는 것으로 충분하다고 말하는 것은 아니다. 여러 가지 지식을 늘어놓는다고 청중들에게 인정받지 못한다. 자세히 보는 것만으로는 여전히 부족하기 때문이다.

훌륭한 스피커가 되려면 많이 읽어야 한다. 먼저 뉴스를 보면서 지금 우리에게 닥친 현실적인 고민을 공유하고 깊이 있게 고민해보는 것도 좋다. 그러다 보면 트렌드에 맞는 스피치의 주제를 찾을 수 있다. 조선시대 문인 유한전은 "사랑하면 알게 되고, 알면 보이나니, 그때 보이는 것은 전과 같지 않으리라."라고 했다. 그의 말처럼 사랑하는 연인을 알고자 하는 마음으로 스피치의 주제에 대해 생각하고 연구한다면 자신만의 새로운 관점으로 바라보게 되고 청중의 마음을 울리는 내용을 찾을 수 있다.

또 책을 통해 적절한 자료를 구하고 자신이 전달하고자 하는 주제에 맞는 에피소드를 찾아내야 한다. 훌륭한 강연자들은 많은 책을 읽으며 간접 경험을 하고 지식을 쌓는다. 요즘에는 필요한 정보를 인터넷으로 빠르게 검색할 수 있다. 하지만 그것은 단편적인 지식일 뿐이다. 깊이 있고 창의적인 사고를 하려면 독서가 반드시 필요하다. 독서는 저자가 시간과 공을 들여 생각한 것들을 손쉽게 배울 수 있는 기회이다.

"내가 살아온 이야기를 하려면 책 한 권으로는 모자라."라고 말하는 사람들이 많다. 현실은 소설보다도 더 잔혹하다고 말할 정도로 사람이 한 평생을 살다 보면 이러저러한 일들을 겪는다.

그중에는 자신만이 경험한 독특한 것도 있고 다른 사람도 겪는 보편타당한 일도 있다. 아침에 일어나서 저녁에 잠들 때까지 우리는 수많은 사람들과 대화를 하고 자신의 생각을 드러낸다. 그 과정에서 서로에게 상처를 주거나 받기도 한다.

어떤 경우라도 그것은 훌륭한 강연 자산이다. 자신의 이야기야말로 최고의 콘텐츠다. 어떤 일에 몇십 년 동안 몰두한 사람은 누구나 스피커가 될 수 있다. 처음 일을 시작했을 때 맨 땅에 헤딩하는 마음으로 무모하게 덤벼들었던 일, 머리를 쥐어짜가며 온갖 방법을 동원한 마케팅 전략, 주어진 계약을 따냈을 때의 기쁨, 수없는 위기와 다시 일어서기 위한 노력, 온갖 역경을 이겨내고 이룬 성공 이야기는 청중의 가슴을 뛰게 하고 도전하고 싶은 열정으로 불타게 할 수 있다.

살아온 인생이 처음부터 끝까지 실패인 사람의 이야기도 얼마든지 강연의 콘텐츠가 될 수 있다. 그들의 실패에서 실패의 요인을 쏙쏙 뽑아서 역발상을 하면 성공으로 가는 길이 보이기 때문이다. "실패는 성공의 어머니!"라는 말도 있지 않은가. 그들이 살아온 삶의 모습은 그들이 하는 말 속에서 고스란히 드러난다. 다른 사람을 포용하는 품이 넓은 사람은 그 마음 그대로 그가 하는 말에 담겨 있다. 깐깐하고 배려심이 없는 사람 역시 그가 하는 말 속에서 그 모습을 볼 수 있다. 결국 우리가 살아가는 일상의 모든 것들이 스피치의 자산이 된다. 스피치는 삶이다.

자신이 접한 정보는 자세히 보고, 메모하고, 스크랩하기 등을 통해 내 것으로 만드는 작업이 필요하다. 순간적으로 떠오르는 생각도 꼼꼼히 기록해야 한다.

나중에라도 그 생각을 뒷받침할 수 있는 자료로 훌륭하게 사용할 수 있기 때문이다. 기록하지 않으면 아무리 멋진 생각이라도 순식간에 사라지고 만다. 기록하고 수집한 자료는 자신만의 방법으로 분류해서 정리해놓아야 한다. 열심히 모았어도 필요할 때 어디에 두었는

수집한 자료의 분류 방법

- 책에서 필요한 내용을 인용한 것 : 여백을 두어 차후에 비슷한 내용이 있을 경우 다시 적을 수 있게 한다.
- 신문이나 잡지 등을 스크랩한 것 : 관련된 내용을 함께 모으고 밑에 필요한 내용을 메모한다.
- 행사 때나 박물관 등에서 받은 팸플릿과 엽서
- 인터넷 자료 : 큰 범주를 정한 뒤 파일에 넣는다.
- 자신의 생각이나 전문가의 의견 : 주제별 노트를 만들어 적어둔다. 되도록 자세하게 기록한다.

※ 단, 자료들은 반드시 출처를 적거나 저작권자의 동의를 받아 저작권을 침해하지 않도록 해야 한다.

지 찾지 못하면 모두 헛일이다. 자료의 분류는 본인의 취향에 맞게 찾기 쉽게 하는 것이 좋다.

좋은 강연은 결국 알찬 콘텐츠다. 알맹이가 없는 스피치는 청중에게 외면당하게 마련이다. 청중에게 전할 이야기 자산이 없는 사람은 강연자로서 존재 자체가 흔들릴 수 있다. 명강사가 되려면 편집을 잘해야 한다. 기록하고 스크랩한 자료들을 모아서 주제에 맞는 내용을 뽑아내야 한다.

사람들에게 감동을 주는 스피치를 하려면 일상생활 속에서 스스로의 모습을 가다듬어야 한다. 때로는 욕심이나 분노에 빠져 허우적대기도 하고 슬픔과 고통에 몸부림칠 때도 있을지 모른다. 그것이 인간의 삶이기 때문이다. 그때마다 자신을 닦고 마음을 키워서 성장해 가야 한다. 우리의 삶은 우리의 표정이 되고 우리 말 속에서 되살아난다. "컵에 물이 반 밖에 없군."이 아니라 "컵에 물이 반이나 있네."라는 긍정과 사람의 마음으로 접근하는 게 중요하다. 청중은 이런 모습에 감동받는다.

발표 스피치
5대 공식

단순한 스피치에는 구조가 필요 없다. 시간도 짧고 원고 없이 즉석에서 생각한 것을 말할 수 있다. 하지만 강연 발표문에는 구조가 있어야 한다. 청중을 울고 웃게 하는 명강연은 저절로 되는 것이 아니다. 철저한 설계와 실전 연습이 필요하다. 발표의 기본 구조는 질문, 인용, 호흡, 표현, 엔딩이라는 '발표 스피치 5대 공식'으로 기억할 필요가 있다.

발표 스피치 5대 공식

① 질문 : 묻지도 따지지도 말고 무조건 질문으로 시작하라.

② 인용 : 남들은 남의 소문을 믿고 친구는 내 이야기를 안 믿는다. 그러니 열심히 인용하라.
③ 호흡 : 잔잔한 명곡은 없다.
④ 표현 : 얼굴이 무표정인 사랑 고백은 반드시 실패한다. 팔을 묶어놓지 마라.
⑤ 엔딩 : 이 순간이 마지막이라는 심정으로 쐐기를 박아라.

(1) 질문

모든 강의와 강연은 첫 시작이 가장 중요하다. 말하기에도 처음에 내뱉는 언어가 가장 중요하다. 대중 강연의 처음은 백 번 강조해도 지나치지 않는 것이 "질문으로 시작하라."이다.

지금의 4,50대들은 학교에서 주입식 교육을 받았다. 선생님은 일방적으로 강의를 하고 학생들은 열심히 필기를 했다. 하지만 요즘은 학생들이 적극적으로 수업에 참여하는 방식으로 바뀌고 있다. 강연장에서도 강사가 일방적으로 자신의 이야기를 풀어내는 것보다 청중과 함께 대화하며 강의를 이어가는 것이 효과적이다. 청중에게 관심과 호기심을 자극하는 질문을 던지면서 강연을 시작하는 것이다. 예를 들면 강연 첫 부분에 "세상을 지배하는 이들이 가지고 있었던 힘은 바로 이것인데요. 세상을 지배한 사람들에게는 공통점이 있습니다. 무엇인지 알고 계신가요?"라고 청중에게 물어보는 것이다. 부드럽게 이야기를 시작하고 싶을 때는 날씨나 계절에 관한 질문으로 시작하면 좋다.

"어느새 여름이 다 지났네요. 여러분은 어느 때 가을이 왔다고 느끼시나요?"

이런 질문은 언제 어디서나 할 수 있는 무난한 질문이다.

청중이 속해 있는 회사나 단체에 대한 질문으로 시작하는 것도 좋다.

"여러분의 회사인 ○○○화장품에는 ○○라는 게 있던데 대단한 회사 맞지요?"

강연자가 일반인은 잘 알지 못하고 자신들만 안다고 생각하는 질문을 하면 청중의 호감도는 급격하게 올라간다. 반대로 기초적인 정보 조사를 하지 않아서 엉뚱한 질문을 한다면 강사에 대한 청중의 신뢰가 바닥으로 추락할 수 있다. 강사가 강연하러 간 도시 이름을 잘못 말한다거나, 학교 이름을 잘못 말하는 경우, 단체의 정보를 잘못 알고 간 경우 등이다. 어떤 강연을 가든 사전에 기본적인 정보는 꼭 숙지하도록 해야 한다.

건강 관련 질문으로 시작해도 좋다.

"찬바람이 부니까 여기저기 쑤시고 그렇죠? 네 저도 그래요. 젊은 것들은 모르죠. 아이, 당연히 모르죠."

같은 나이대의 청중이나 어르신에게 동질감을 느끼게 해서 자연스럽게 화제를 이어갈 수 있다. 특정 지역에서 강의할 때는 그 지역에 대한 질문을 해도 좋다.

"평창에 오니 올림픽의 열기와 환희가 그대로 느껴집니다. 세계적인 대회를 훌륭하게 치러 낸 평창이 자랑스럽습니다. 평창에 여러분이 계시기에 가능했지요? 그렇지 않습니까?"

특산물이나 명소를 언급하면 청중들은 자기가 살고 있는 지역에 대한 자부심을 느끼며 기분이 좋아진다. 강연 시간보다 조금 일찍 도착해서 그 지역사람들과 이야기를 나누고 그 지역의 특성을 미리 파악하면 큰 도움이 된다. 좋은 질문은 분위기를 좋게 하고 공감대를 높여 이야기를 술술 풀어나가게 하는 마법을 부린다. 단, 생각 없이 아무렇게나 던지는 질문이 아니라 고도의 전략으로 만들어낸 질문이어야만 한다.

첫 질문은 강사에게 집중하도록 청중 전체에게 질문을 하는 경우가 많다. 질문을 통해 청중의 참여도를 높이고 여러 사람의 반응을 유도한다. 때로는 한 사람을 지목해서 질문하기도 한다. 이때는 곧바로 한 사람을 지목하지 말고 모든 청중에게 질문한 뒤 특정한 사람에게 묻는 게 좋다.

스피치를 하다가 청중에게 질문한 뒤 청중을 두루 살피고 잠깐 말을 멈추기도 한다. 이때 청중들이 곧바로 손을 들고 답을 할 거라고 기대하지는 않는다. 이렇게 질문하는 것은 청중의 집중도를 높이고 질문에 대한 답을 생각할 수 있도록 하기 위해서다. 청중이 생각에 잠긴 그 순간 이미 강사와 함께 스피치에 적극적으로 참여하고 있는 것이다.

때로는 스피치에 청중을 끌어들여 강연을 활기차게 이끌어 가고 싶은 때가 있다. 그럴 때는 주제와 관련하여 청중 모두가 경험한 일, 과거의 사건, 알고 있는 지식에 관한 질문을 해야 한다. "남북한 정상이 판문점 군사분계선을 오가는 장면을 보셨습니까?"와 같은 질문이면 좋을 거 같다. 대부분의 청중들이 경험했거나 알고 있는 일이어야 청중의 호응을 끌어낼 수 있다는 것을 잊지 말자.

"신이 당신에게 초능력을 한 가지 준다고 합니다. 어떤 초능력을 달라고 하겠습니까?"라고 청중에게 상상할 수 있는 질문을 던지는 방법도 있다. 이 방법 역시 청중을 스피치에 집중하게 하고 설득력을 높일 수 있다. 그렇지만 강의 중에 수시로 여러 개의 질문을 던지면 청중은 고개를 숙인 채 눈을 마주치려 하지 않는다. 행여나 눈이 마주치면 대답을 해야 할지도 모른다는 두려움 때문이다. 질문할 때 조심해야 할 것은 남발하거나 대답이 마음에 안 든다고 면박을 주어서는 안 된다는 점이다. 질문은 적절한 타이밍에 철저하게 계획해서 해야 의도한 바를 얻을 수 있다. 설사 원하지 않는 대답을 청중이 하더라도 감사의 인사를 하고 마음 상하지 않도록 배려해야 한다.

강의를 하다 보면 호응도가 높고 적극적으로 참여하는 청중이 있다. 박수도 크게 치고 대답도 잘해서 강연장의 분위기를 살린다. 이런 사람을 파트너로 삼아 강연을 이어가면 훌륭하게 강연을 마칠 수 있다. 강사가 강조하고 싶은 말을 따라하게 한다든가 쉬운 질문에 무조건 "네!"라고 대답하게 하여 유머와 재치로 강연을 이어가면 된다. 강연이 끝난 뒤에는 "도와주셔서 감사합니다."라는 인사를 잊지 않아야 한다.

(2) 인용

“하늘 아래 새로운 것은 없다.”라는 말이 있다. 사람들이 열광하는 문학 작품이나 인간의 삶을 변화시키는 과학 기술도 이전 사람들이 혼신을 다해 쓰고 연구한 데서 출발한다. 스피치 역시 그렇다. 우리가 살고 있는 지구에는 수많은 영웅들이 태어나 살다가 떠났다. 그들은 각자 자신의 분야에서 한 획을 그었다. 그들의 삶은 후손인 우리들의 지표가 되고 삶의 목표가 되기도 한다. 이들은 강연자들에게 훌륭한 에피소드를 제공해준다. 그들의 권위를 이용해 설득력을 높이는 것이다.

아이폰을 개발해 전세계의 삶의 모습을 바꿔놓은 스티브 잡스, 미국의 대통령 링컨과 케네디, 작가 스티븐 코비 등 헤아릴 수 없이 많다. 이들은 한 시대의 거대한 흐름을 바꿔놓을 만큼 큰 영향력을 발휘했다. 잡스는 스탠포드대학의 졸업 연설에서 “항상 갈망하라, 여전히 우직하게!”라는 말로 박수와 환호를 받았다. 대학을 중퇴하고 자신이 만든 회사에서 퇴출당했지만 후에 그 회사의 CEO로 복귀한 그의 삶을 응축한 말이었다.

링컨 대통령은 게티스버그 연설 중 “국민의, 국민에 의한, 국민을 위한 정부는 영원할 것이다.”라는 말로 유명하다. 이 연설은 미국이 자유민주주의 국가임을 대내외에 천명하여 오늘날 미국 발전의 초석이 되었다.

케네디 대통령은 대통령 취임 연설로 유명하다. “국가가 나를 위해 무엇을 할 것인지 묻지 말고, 여러분이 조국을 위해 무엇을 할 수 있는지 물어보라."라는 그의 연설문은 미국이 진정한 민주주의 국가로 거듭나려면 국민들 각자가 해야 할 역할이 있다는 것을 말하고 있다.

《성공하는 사람들의 일곱 가지 습관》으로 세계적인 베스트셀러 작가가 된 스티브 코비는 미국에서 지난 200년 동안의 성공 요인을 분석해 책으로 만들었다. 그는 자신의 책에 나오는 이론에 대해 확신을 갖고 있었고 스스로 실천하려고 노력한 인물이다. 그는 자신의 강연을 통해 자신이 말한 대로 살아가는 모습을 청중들에게 보여주었다. 이밖에도 뛰어난 명언을 남긴 위인들이 많다. 그들의 명언을 적절하게 이용할 수도 있다. 인용할 만한 대표적인 명언은 다음과 같다.

인용할 만한 대표적인 명언

행복은 우연이 아닌, 선택의 문제다. **_짐론**

세상을 움직이려면 먼저 나 자신을 움직여야 한다. **_소크라테스**

시도해보기 전까지는 무엇을 할 수 있는지 모르는 법이다.
_푸블릴리우스 시루스

가장 중요한 것들이 가장 사소한 것들에 의해 좌우돼서는 안 된다. **_괴테**

무엇이라도 꿈을 꿀 수 있다면 그것을 실행하는 것 역시 가능하다.
_월트 디즈니

뛰어난 업적을 이룬 영웅들의 삶에는 우리가 배워야 할 요소들이 많이 있다. 좌절에서 벗어나려는 의지, 용기와 절제, 참고 견디는 인내와 실천력 등이 그것이다. 우리는 그러한 것들을 청중들에게 보여주면서 감동을 이끌어 낼 수 있다.

때로는 숫자의 마법을 활용해보자. 무언가의 근거를 댈 때 믿을 만한 논문이나 신문기사 혹은 책에 등장하는 통계 자료나 조사 결과를 인용하는 것이다. 이때 구체적인 숫자를 언급하는 것이 좋다. 우리들은 숫자에 민감하게 반응하며 확신을 갖는 경향이 있다. 하지만 남의 권위를 이용할 때도 주의해야 할 것이 있다. 당신이 예로 드는 인물이 혹은 에피소드가 적절한가이다. 누구나 인정할 만한 권위를 가졌는지, 그 분야의 전문가인지, 내가 준비한 내용에 적합한 인물인지 등을 따져보라는 것이다. 만약 잘못 인용한다면 당신에 대한 청중의 신뢰는 무너져 버린다. 당신이 말한 내용이 잘못된 정보라는 것을 누군가가 그 자리에서 손을 들고 질문한다면 어떻게 답할 것인지 생각해보라.

(3) 호흡

청중을 사로잡는 강연은 한 편의 연극이나 서사시와 같다. 처음부터 끝까지 잔잔하게 흘러가는 강연은 실패할 게 뻔하다. 강연 원고를 발단, 전개, 위기, 절정, 결말로 구성해 드라마틱한 문학 작품처럼 강연을 만들어보자.

먼저 강단에 서면 이야기를 시작하기 전에 강연장 전체를 살펴 청중과 호흡하는 시간을 갖는다. 그리고 질문으로 청중의 시선을 사로잡은 뒤, 짧으면서도 재치 있게 자신을 어필해보자. 삼행시로 자신을 소개하기도 하고 이름을 잘 기억할 수 있도록 재치 있는 유머를 동원하는 것도 좋다. 강사가 청중과 처음으로 인사할 때 옆 사람과도 "반갑습니다." 혹은 "안녕하세요."라고 인사하도록 분위기를 유도하면 좋다. 이때 서로 손을 잡거나 포옹하게 해도 된다. 또 "요즘 얼마나 힘드세요? 우리 서로의 어깨를 주무르면서 위로해볼까요? 아유, 얼마나 고생이 많으셨어요? 애쓰셨지요? 등의 말을 하면서 어깨를 주물러 주세요."라고 무거운 분위기를 털어 낼 수 있다. 강연 중간에 박수치기로 분위기를 전환하는 방법도 있다. 강연이 밋밋하게 흘러 지루하다고 느껴지는 적당한 때에 활용하면 좋다. 강의 초반에 앞으로 특정한 단어가 나오면 박수를 치라고 미리 연습하고 강연을 시작해도 좋다. 처음엔 박수치는 것을 주저하지만 박수로 인해 분위기가 좋아지고 강연도 성공적으로 마칠 수 있다.

그리고 청중에게 간단한 퀴즈를 내고 작은 선물을 주는 것도 방법이다. 이때 퀴즈는 난센스 퀴즈가 좋다. 강연에서 강조했던 것으로 해도 된다. 강의를 시작할 때 상품이 있다는 것을 예고해도 되고 전혀 예상하지 못할 때 시작해도 된다. 선물은 영화 티켓이나 상품권으로 준비하면 좋다. 만일 자신이 쓴 책이 있다면 저자의 사인이 담긴 책을 선물해도 된다. 직접 강연을 듣고 그 강연자의 책을 받는다면 훨씬 의미가 있을 것이다. 강연자의 입장에서 자연스럽게 홍보도 되고 독자를 확보한다는 측면에서 좋은 일이다.

강연이 본격적으로 시작되면 충격적인 사실이나 실제 일어난 일 등의 예시를 드는 것이 좋다. 혹은 자신만이 가지고 있는 스토리로 이야기를 풀어나가는 것도 하나의 방법이다. 요즘은 취업, 면접, 자기소개서에도 남들과 다른 자신의 독특한 체험이나 경험을 요구하는 경우가 많다. 광고에서도 각기 다른 콘셉트의 스토리를 만들어가면서 소비자의 시선을 끌어 성공한 사례가 있다. 청중을 사로잡으려면 이론이 아닌 나만의 일화로 풀어가야 한다. 스피치가 중간 정도 진행되면 절정의 순간이 와야 한다. 절정 바로 직전에 흥미로운 에피소드를 실감나게 전달하면서 관객을 집중시킨다. 처음에는 평범한 목소리로 시작하지만 절정에서는 목소리를 키우고 온몸으로 표현해야 한다.

훌륭한 연극에는 긴장과 반전이 존재한다. 관객들은 아슬아슬한 장면에서 마음을 졸이고 흥분하며 기막힌 반전에 감탄한다. 강연 역시 그렇다. 청중의 마음을 사로잡으려면 기대와 긴장을 주고 충격적인 역전으로 폭소를 터트리게 해야 한다. 프레젠테이션에만 의존하고 끊임없이 교훈만 역설하는 강의는 청중을 울고 웃게 할 수 없다. 노래에 간주가 있고 들일에 새참이 있는 것처럼 문장과 문장 사이에도 쉼표가 있어야 한다. 리듬을 타고 이어지다가 중요한 순간에 말을 멈추면 청중들도 숨을 멈춘다.

명강사는 몰입을 최고조로 끌이고 긴장감을 높이기 위해 호흡마저도 기술적으로 이용할 줄 안다. 청중의 기대감을 한껏 끌어 올리는 쉼표를 사용할 줄 아는 강사는 강연 기법의 달인이다. 때로는 중요한 단어나 문장을 반복하는 것도 좋다. 같은 단어를 연달아 여러 번 반복하는 것도, 하나의 이야기가 끝날 때마다 하나의 문장을 외치는 것도 청중의 뇌리에 박히게 하는 멋진 기법이다.

주장을 강화하기 위해서는 같은 성격의 이야기를 여러 가지 버전으로 말하는 것도 방법이다. 방송에서 들었던 이야기, 전문가의 말, 책에서 읽었던 이야기 등으로 청중을 설득할 수 있다. 때로는 중요한 부분을 드러내고 필요 없는 부분은 과감하게 잘라내는 것이 중요하다. 주제를 드러내는 데 꼭 필요한 부분을 제외한 나머지는 버린다. 이야기가 늘어지면 지루하고 주제를 선명하게 하는 데 방해가 될 수 있다.

하나의 문단에 하나의 중심문장이 있어야 하는 것처럼 이야기에도 목표가 분명해야 한다. 이 이야기를 하다가 갑자기 다른 이야기로 바뀐다면 이야기의 흐름이 깨지면서 초점이 흐려진다. 유기적으로 연결된 이야기는 이해를 돕고 재미를 배가시킨다. 용두사미처럼 시작은 거창하나 알맹이가 없는 강연은 실패다. 또 반대로 밋밋한 서두에 뒤로 갈수록 중언부언하는 경우 역시 자연스럽지 못하다.

강연할 때의 태도 또한 중요하다. 아무 생각 없이 이쪽저쪽으로 왔다 갔다 하면 청중의 몰입을 방해할 수 있다. 강단에서 몸을 움직일 때는 청중과의 거리를 계산하고, 되도록 청중과 가까이 갈 수 있도록 해야 한다. 강단에서의 움직임은 강의 내용에 맞춰야 한다. 때로는 청중 사이에 앉아 있다가 등장하는 방법도 고려해보자. 미리 사회자와 짜고서 깜짝쇼처럼 꾸며보는 것도 청중과 소통하기 위한 방법이다. "분명히 강사님이 오셨다고 했는데 왜 안보이시죠? 강사님! 강사님!"이라고 사회자가 부르면 객석에서 일어나 사람들과 인사를 나누며 무대 위로 올라가는 것이다. 박수와 환호가 터지는 순간 청중과 함께 웃고 호흡하면 자연스럽게 어색함을 날려버릴 수 있다.

리듬을 타는 대표적인 인물에는 프레젠테이션의 달인이라 평가받는 스티브 잡스가 있다. 그는 변화무쌍한 기법으로 청중을 사로잡는다. 그의 프레젠테이션을 보면 시연, 동영상 등을 활용하여 최대의 효과를 얻는다. 그는 쇼맨십에도 능하다. 무대 위를 종횡무진하고 제스처를 크게 하며 목소리의 크기를 자유자재로 변화시킨다. 그리고 청중의 시선을 집중시키는 순간 말을 멈춘다. 청중은 그가 방금 던진 말의 의미를 되새기고, 그가 다시 입을 여는 순간 열광한다.

(4) 표현

강연장은 강사에게 연극무대와 같다. 배우가 무대에서 혼신의 힘을 다하듯 강사 역시 강연장에서 자신의 모든 것을 쏟아낸다. 청중을 쥐락펴락하는 강사는 연극배우처럼 연기를 한다. 다양한 화법은 물론이고 상황에 맞는 표정과 몸짓이 필요하다. 때로는 말보다 몸짓 하나가 더 큰 울림을 주기도 한다. 디테일이 살아있는 생동감 넘치는 에피소드를 청중에게 전달하려면 마음을 울리는 목소리와 함께 적절한 몸짓이 필요하다.

강사는 강연이 시작되었을 때부터 끝날 때까지 자신의 몸짓에 신경을 써야 한다. 사회자의 소개를 받은 뒤 연단으로 나갈 때부터 강연은 시작된다. 가슴을 펴고 곧은 자세로 천천히 무대를 향해 걸어간다. 청중의 시선을 받으며 마이크 앞에 도착할 때까지 부드러운 표정을 잊지 말아야 한다. 마침내 강연이 끝났구나 싶을 때조차도 긴장을 풀어서는 안 된다. 마무리 인사에 집중하고 퇴장하는 걸음걸이까지 최선을 다해야 한다. 프랑스 소설가 발자크는 사람의 얼굴에 대해 이렇게 말했다.

"사람의 얼굴은 하나의 풍경이다. 한 권의 책이다. 얼굴은 결코 거짓말을 하지 않는다."

강사의 얼굴 표정은 백 마디 말보다 더 큰 효과가 있다. 따뜻한 미소와 생동감 넘치는 표정은 호감을 주고 감정을 효과적으로 표현하는 데 최고다. 때로는 강연 내용보다 강사의 웃음 짓는 표정에 위로를 받는다. 강사는 강연 내용에 따라 표정을 바꿔야 한다. 삶의 고뇌를 표현할 때는 괴로운 표정을, 행복하고 즐거운 장면에서는 깔깔대며 환호하는 모습을 청중에게 보여줘야 한다. 상황에 따라 변화하는 천의 얼굴은 말로 표현하지 못하는 것들을 멋지게 해낸다. 웃는 표정을 지을 때는 입꼬리까지 위로 올려 환하게 웃어야 한다. 입은 웃지만 눈이 그대로라면 가짜 웃음이다.

"저는 43세입니다. 많은 사람들이 젊어지고 싶어 하지만 저는 이대로가 좋아요. 예전엔 잘 되지 않던 동작과 섬세한 표정 연기를 지금은 할 수 있으니까요. 저를 성장시킨 세월이 무척 소중합니다."

발레리나 강수진의 인터뷰이다. 발레리나는 몸동작과 표정으로 이야기하는 사람이다. 강수진의 이 말은 최고의 발레리나가 갖추어야 할 것이 무엇인지를 말해주고 있다. 강사의 모든 몸짓에는 그에 걸맞은 의미가 있어야 한다. 계산되지 않은 불필요한 몸짓은 청중의 주의를 산만하게 하기 때문에 안 하느니만 못 하다. 자신도 모르게 몸짓을 하는 버릇이 있다면 반드시 고쳐야 한다. 강의 내용에 맞게 때로는 여유 있게 때로는 강하게 적절한 몸짓을 해야 한다. 그렇다고 같은 몸짓을 여러 번 반복하는 것은 좋지 않다. 적절한 횟수를 계산해서 재미있고 활기차게 해보자. 강사의 몸짓은 공간의 크기와 청중의 숫자를 고려해야 한다. 커다란 강당에서 작은 제스처를 사용해서는 안 된다. 특히 강조할 내용에서는 몸짓을 크게 해야 집중도가 높아진다. 그렇다고 경박하게 보여서는 안 된다. 상황에 걸맞은 적절한 몸짓을 하는 게 좋다.

강연 내용에 맞는 맞춤형 몸짓을 개발하는 것도 하나의 방법이다. 개그맨들은 독특한 몸짓을 통해 본인의 인지도를 높인다. 누구나 쉽게 따라할 수 있도록 간단하면서도 위트 있는 행위는 자연스럽게 그를 떠올리게 한다. 나는 고인이 된 개그맨 김형곤 선배가 '회장님 우리 회장님' 코너에서 "잘 될 턱이 있나."라고 말하며 턱을 치는 동작을 했던 것을 지금도 기억하고 있다. 하지만 강연 때 그런 유행어와 몸짓을 한다면 청중들은 전혀 이해하지 못할 것이다. 유행은 초스피드로 변하기 때문에 응용하는 동작에도 변화가 있어야 한다. 예를 들어 요즘 가장 핫한 인기가수 춤의 한 부분을 따라하거나 이슈가 되는 운동선수의 세레모니를 활용하면 좋다.

부동자세로 있거나 부산스럽게 움직이는 것은 좋지 않다. 평상시에는 자연스럽게 움직이다가 무대 위에만 서면 뻣뻣하게 몸이 굳는 경우가 있다. 반대로 당황해서 우왕좌왕 하는 바람에 강연을 망치기도 한다. 다리를 떨거나 시종일관 주머니에 손을 넣은 채로 강연을 해서도 안 된다. 자신도 모르는 사이에 평소의 습관대로 행동하는 강사가 있다. 뒷짐을 지거나 삐딱하게 서거나 건들거리는 자세도 조심해야 한다. 이런 행동은 대부분 강사가 의식하지 못하거나 신경 쓰지 않아서 발생한다. 강사의 부자연스러운 몸짓은 청중들을 불편하게 만든다. 강사가 긴장하고 있다거나 당황하고 있다는 걸 그대로 드러내기도 한다. 때로는 청중을 무시하는 것처럼 보인다. 사소하게 생각할 수도 있지만 청중의 눈에는 의외로 크게 거슬려 보이고 감정이 상하기도 한다. 이럴 때는 자신이 강의하는 모습을 비디오로 찍은 뒤, 어떤 태도로 강의하는지 분석해서 잘못된 점들을 보완하면 좋다.

TV에서 KPOP오디션 프로그램이 방영되면 도전자들이 손을 어떻게 하고 있는지 유심히 살펴본다. 대부분 두 손으로 마이크를 꼭 쥐고 부르거나, 한 손을 아래로 내리고 나머지 한 손으로 마이크를 쥐고 부른다. 그때 마이크를 잡은 손이 덜덜 떨리는 게 고스란히 보이면 너무 안타까웠는데, 회를 거듭할수록 손이 자연스러워지는 걸 보게 된다.

이와 마찬가지로 사람들이 강연을 할 때 가장 어색해하는 게 손 처리이다. 프로 강사는 강연의 내용에 맞추어 손도 함께 자유자재로 움직인다. 하지만 평소에 손을 어떻게 쓰는지 생각하지 않던 사람에게 갑자기 손을 써서 강연을 하라고 하면 당황스럽기만 할 것이다. 그러므로 강의안을 작성할 때 손을 처리하는 방법도 연구해야 한다.

누구나 잘 알고 있는 것처럼 오바마 미국 대통령은 연설할 때마다 내용에 맞는 제스처로 그 감동을 배가시켰다. 따뜻한 성품이 드러나는 미소 띤 표정과 밝고 편안함을 유도하는 손짓 때문에 그의 연설에 더 깊이 몰입을 하게 된다. 초보 강연자는 당황하고 떨려서 사람들에게 시선을 두지 못하는 경우가 있다. 청중을 정면으로 바라보지 못하면 보는 사람이 오히려 불안하고 불편하다. 하지만 강사는 강연장의 모든 사람들과 눈을 맞추며 이야기해야 한다. 청중 한 사람 한 사람에게 이야기를 들려주듯이 골고루 시선을 주어야 한다. 전후좌우 골고루 시선을 두면서 따뜻하고 선한 표정으로 말해야 하고, 강연의 내용에 맞추어 청중과 눈으로 말하면서 교감해야 한다. 청중이 많으면 그룹을 지어 시선을 이동하면 된다.

시선을 이동할 때는 고개만 돌리는 경우가 있다. 건성으로 눈을 맞추고 목만 까딱거리는 강사는 거만하고 건방지게 보인다. 이때 몸을 움직이고 몸짓을 크게 하면서 마음을 드러내야 한다. 청중과 가까이 다가가 직접 눈을 맞추기도 하고 2층이나 후미진 구석자리에 있는 사람과도 눈을 마주치면서 교감하는 게 좋다. 강사와 눈으로 교감한 청중은 강사에게 눈으로 응원을 보내기도 한다.

때로는 청중에게서 힘을 얻어 신바람 나게 강연하기도 한다. 고개를 끄덕이는 횟수와 올렸다 내렸다 하는 폭의 크기가 클수록 강사는 청중에게 감동을 받아 생각지도 않았던 명문이 떠오르고 기발한 아이디어가 샘솟는다. 이런 강연은 하나도 힘들지 않고 시간도 금방 지나간다. 잘 들어주는 청중이 명강사를 키우는 것이다.

여자들은 육감을 가지고 있다고 한다. 인간이 가지고 있는 다섯 가지의 감각 말고도 여섯 번째의 감각이 발달했다는 것이다. 육감이란 인간의 몸짓을 보고 갖게 되는 통찰 정도로 해석하면 될 것 같다. 아내는 남편이 하는 말 이면의 것을 볼 수 있다고 한다. 표정, 미세한 찡그림, 평소와 다른 어투, 떨리는 목소리, 붉어진 얼굴 빛깔 등 남편이 거짓말을 아무리 능수능란하게 해도 몇십 년을 같이 살다 보면 감출 수 없는 미묘한 것들이 있다. 아내가 남편에게 육감을 느끼듯 청중은 강사의 강연 내용뿐 아니라 겉으로 드러나는 모든 것에 집중하고 평가한다.

흔히 스피치를 잘하려고 강연 내용에만 집중하는 경우가 있다. 그것은 잘못된 생각이다. 스피치는 종합예술이라고 해도 과언이 아니다. 겉으로 드러나는 외적인 부분이 부족하면 청중의 마음을 사로잡기 어렵다.

(5) 엔딩

강의를 마무리해야 할 때는 자신이 강의한 목적을 생각하면서 정리해야 한다. 주요 쟁점을 상기시키고 이 강의를 통해 청중에게 바라는 것을 말한다. 그리고 강의를 잘 들어준 것에 대해 감사의 인사를 하면서 마무리한다. 이때 기억에 남는 클로징 멘트를 하면 청중에게 여운을 줄 수 있다. 때로는 수천 수백 마디의 말보다 짧은 명언 한 마디나 짧은 문구 한 마디가 인생을 변화시키는 힘이 되기도 한다. 청중의 기억 속에 오래 남는 메시지를 남기는 것은 성공적인 강연의 마무리라 할 수 있다.

속담이나 명언을 활용한 클로징 멘트

예시 ① 여러분, '파부침주破釜沈舟'라는 말을 들어보셨나요? 솥을 깨뜨리고 배를 가라앉힌다는 뜻으로 싸움터로 나가면서 살아 돌아오기를 바라지 않고 결전을 각오함을 이르는 말입니다. 죽기를 각오하고 전쟁터에 나가는 마음으로 최선을 다해 어려운 경기 상황을 다 함께 극복해봅시다.

예시 ② 요즘과 같은 경기 상황에 다들 힘드실 거라 생각합니다. 이렇게 힘들수록 자신의 맡은 분야에 대해 깊이 있게 고민하고 열정을 쏟는다면 반드시 좋은 방향으로 성장하리라 생각합니다.

예시 ③ 여러분! "세상의 중요한 업적 중 대부분은 희망이 보이지 않는 상황에서도 끊임없이 도전한 사람들이 이룬 것이다."라는 말이 있습니다. 지치고 모든 것이 힘들어질 때 비로소 일과 삶의 가치를 느끼게 될 것입니다. 오늘도 여러분의 중요한 업적을 이루는 날이기를 바랍니다.

계절을 활용한 클로징 멘트

예시 ① 시원한 비가 한바탕 쏟아진 뒤 하늘에 뜬 무지개를 보신 적이 있으신가요? 파란 하늘에 예쁘게 떠오른 무지개를 보면 왠지 행운이 일어날 것 같은 생각이 들지요? 우리의 삶에도 가끔 비가 내리는 어려움이 있겠지만, 비 갠 후에 찬란하게 떠오르는 무지개를 보게 되는 행운도 있어요.

예시 ② 뜨거웠던 여름이 지나가고 있습니다. 우리의 마음도 뜨겁게 했던 여름이 아니었나 싶습니다. 올 겨울은 우리의 마음까지도 따뜻하게 하는 겨울이 되기를 바랍니다.

대중 스피치 3대 공식

철저하게 준비하지 않았다면 무대 위에 올라서면 안 된다. 보석 같은 콘텐츠가 영롱하게 빛나게 하려면 준비가 필요하다. 하지만 어렵게 생각하지 말자. 진심으로 스피치를 잘하고 싶은 마음만 있다면 얼마든지 가능한 일이다. 태어날 때부터 모든 것을 가진 사람은 없다. 자신에게 부족한 부분이 무엇인지 알아보고 그것을 채워 가면 된다.

대중 스피치에서 갖춰야 할 요소들은 너무나도 많다. 스피치 내용뿐만 아니라 목소리와 발음, 발성, 호흡, 어투, 표정, 몸짓, 이미지와 태도 등도 챙겨야 한다. 그중에서 목소리, 자신감, 핵심메시지를 중요한 세 가지 비법으로 추천한다.

(1) 목소리 시크릿

스피치를 하는 사람들은 누구나 좋은 목소리를 갖고 싶을 것이다. 사람들의 마음을 사로잡는 멋진 목소리만 있다면 명스피커가 될 수 있다고 생각하는 사람들이 많다. 실제로 목소리에 반했다고 말하는 사람들이 있다. 목소리는 그 사람의 기분이나 감정, 성품까지도 드러낸다. 사람들은 말로 소통하지만 때로는 목소리로 교감한다. 하지만 모든 사람들이 원하는 목소리를 가질 수는 없다. 목소리는 선천적으로 타고나기 때문이다.

그렇다면 사람을 끌어당기는 목소리를 갖는 것은 불가능한 일일까? 그렇지 않다. 목표를 세우고 노력한다면 목소리는 얼마든지 달라질 수 있다. 목소리 리모델링을 통해 명강사로 다시 태어날 수 있다는 것이다.

청중의 심장을 파고드는 목소리를 갖고 싶다면 가장 먼저 자신의 목소리를 녹음해본다. 적당한 길이의 수필, 사설, 뉴스도 좋다. 스피치를 잘하려면 자신의 스피치를 잘 살펴야 한다. 가장 객관적인 관점으로 자신을 평가해보자. 내 귀에 들리는 내 목소리와 타인이 듣는 내 목소리에는 차이가 있다. 실제로 자신의 목소리를 녹음해보면 다르다는 것을 알 수 있을 것이다.

목소리를 녹음한 뒤 자신의 발음이 정확한지, 자연스럽게 말하는지, 같은 단어를 반복하는 이상한 습관이 없는지 알아보아야 한다. 말하는 속도가 느린지 아니면 너무 빠른지도 체크해야 한다. 좋은 스피치를 하기 위해 꼭 필요한 것이다. 강의를 잘하고 싶으면 자신의 목소리 특성을 파악해서 약점을 보완하고 청중의 규모와 강연장의 크기에 맞추어 목소리의 크기와 속도를 조절할 수 있어야 한다.

TV에서 아나운서들이 볼펜을 입에 물고 정확한 발음을 하기 위해 애쓰는 것을 본 적이 있을 것이다. "간장공장 공장장은 강 공장장이고 된장공장 공장장은 공 공장장이다."와 같이 발음하기 어려운 문장을 반복해서 훈련하는 것도 효과가 있다. 하지만 아나운서가 될 것이 아니라면 굳이 이렇게까지 하지 않아도 된다. 오히려 자신만의 목소리 특징을 살리려 노력하고 자기다운 장점을 찾는 것이 좋다.

스피치 속도가 빠른 것 역시 청중에게 메시지를 전달하는 데 장애가 된다. 원고를 천천히 읽으면서 속도를 줄여야 한다. 목소리를 교정하는 것은 시간이 필요하고 쉽지 않은 일이다. 그동안 살아온 시간만큼 몸에 밴 버릇을 바꾸는 일이고, 평소에 무심히 지나쳤던 일이기 때문에 의식적으로 신경을 써야 한다. 하지만 꾸준히 노력하다 보면 스스로 바뀌어가고 있음을 느낄 것이다.

어떻게 살고 싶으냐고 물으면 "물 흐르듯이 살고 싶다."라고 말하는 사람들이 많다. 스피치도 그렇다. 좋은 스피치는 물 흐르듯이 흘러가고 청중들은 강사의 스피치에 빠져드는 것이다. 물 흐르듯이 강연하려면 말투가 튀거나 끊기거나 힘이 없어서는 안 된다. 혹시 자신의 목소리에 이런 문제점이 있는지 진단해서 부족한 점을 보강하기 위한 노력을 해야 한다. 대중 앞에서 강연하다 보면 자신도 모르게 습관적으로 나오는 버릇이 있을 수 있다. 어렸을 때 교장선생님이 운동장에서 훈화할 때 문장 앞에 붙이던 '에' 혹은 '에또'나 '그니까'와 같은 것들이다. 말을 끝낼 때마다 '흡'소리를 내는 사람을 본 적이 있다. 굉장히 귀에 거슬렸고 말할 때마다 불쾌한 기분이 들었다. 무의식적으로 하는 이런 말들이 반복되면 청중들의 몰입을 방해한다. 문제는 말하는 당사자는 대부분 자신이 이렇게 습관어를 붙여 쓰는 줄 모른다는 사실이다. 핸드폰으로 촬영한 자신의 동영상을 보고 내가 이 말을 이렇게 많이 쓰는 줄 몰랐다고 깜짝 놀라는 사람들이 많다. 습관어는 자신의 그 습관을 알고 나면 스스로 하지 않으려고 노력하기 때문에 충분히 고칠 수 있다.

청중에게 원하는 내용을 효과적으로 전달하려면 목소리의 높고 낮음, 강하고 약함, 속도와 억양에 유의해야 한다. 낮은 목소리로 조곤조곤 이야기하다가도 핵심 내용을 강하게 어필할 수 있어야 한다. 빠르게 몰아치다가도 감동을 되새길 수 있도록 천천히 음미하며 말해야 한다. 때로는 강조할 부분을 일부러 작게 말해보자. 큰소리로 말해야만 청중들이 집중할 것 같지만 작은 소리를 듣기 위해 오히려 귀를 쫑긋 세우기도 한다. 오랜 시간 일정한 톤으로 느리게 이야기를 이어가는 것은 청중을 지루함으로 고문하는 것과 같다. 목소리에 변화가 없다면 청중은 어느 것이 중요한지 알지 못하고 집중력이 떨어진다. 목소리에도 리듬이 필요하다. 스피치의 강약을 조절하려면 스스로 약한 소리와 강한 소리를 조절하면서 연습해야 한다. 하나의 문장을 말할 때도 중요하다고 생각되는 단어는 강하게 하고, 나머지 단어는 약하게 말하는 식으로 반복해야 한다. 강연할 때도 자신이 강조하고 싶은 부분이 있을 것이다. 그 부분은 강하게 말하고 나머지 부분은 부드럽게 말하는 연습을 해보자. 훨씬 효과적인 스피치가 될 것이다.

(2) 자신감 시크릿

사람들은 대부분 대중 앞에 서면 긴장한다. 머릿속이 하얗게 되면서 무슨 말을 해야 할지 떠오르지 않고 말문이 막혀버린다. 이런 일이 한두 번 계속 되면 발표에 대한 공포감을 느끼고 필사적으로 피하게 마련이다. 오죽하면 사람이 느끼는 공포 중에 가장 큰 것이 대중 앞에서 연설하는 것이란 연구 결과가 있겠는가. 실제로 발표공포 때문에 직업을 옮겨 다니는 사람이 있다는 말을 들은 적이 있다. 그렇다면 어떻게 해야 강연 공포 없이 술술 거침없이 말할 수 있을까?

상대가 누구든 자신의 생각을 당당하게 말하고 행동하는 사람이 있다. 우리는 이런 사람에게 자신감이 넘친다고 표현한다. 그들은 아무리 어려운 상황이 닥쳐도 절망하지 않고 주어진 일을 성공적으로 해낸다. 스피커가 대중 앞에서 자신감이 넘치는 모습으로 이야기한다면 사람들은 그에게 열광한다. 자신감 속에 포함된 열정의 불길에 사람들은 불나방처럼 빠져드는 것이다.

◆ 자신감은 자존감에서 비롯된다

'자존감'이란 자신이 사랑받을 만한 가치가 있는 소중한 존재이고 어떤 성과를 이루어낼 만한 유능한 사람이라고 믿는 마음이다. 자존감이 높은 사람은 저절로 자신감이 넘친다. 이렇게 자신감이 있는 사람은 대중 앞에서 여유롭고 자연스럽게 스피치를 할 수 있다.

자존감이 높은 사람은 성공적인 성취감을 맛본 사람이 많다. 사람들은 크고 거창한 일을 이뤘을 때만 성취감을 느낄 수 있다고 생각하는 경향이 있다. 하지만 아주 작고 사소한 일에도 성공했을 때 누구나 성취감을 맛본다. 소소한 일에서 성공한 경험치가 쌓일수록 스스로에게 만족하고 자존감은 더욱 높아질 수 있다. 또 똑같은 상황에서 긍정적으로 받아들이는 사람들이 자존감이 높다. 아무리 어렵고 힘든 상황이 와도 '이제 바닥을 쳤으니 올라갈 일만 남았어.'라고 희망적으로 생각하는 사람은 자존감이 높을 수밖에 없다. '왜 나는 뭘 해도 재수가 없는 거야?'라고 매사에 불평만 하는 사람들은 스스로를 우울의 구렁텅이로 몰아넣는 악순환을 반복한다. 그리고 나를 잘 아는 주위 사람들에게 좋은 평가를 받는 사람은 자존감이 높다. 나의 행동이나 생각들을 속속들이 알고 있는 사람에게 신뢰를 얻기는 힘들다. 그렇기 때문에 부모, 형제, 친구, 상사, 선생님 등 가까이 있는 사람들이 칭찬하고 격려해준다면 자연스럽게 자존감이 올라간다. 설사 다른 사람이 알아주지 않는 경우에도 선한 의도로 다른 사람을 위해 끊임없이 나누고 베푸는 사람들은 자존감이 높을 수밖에 없다. "받는 사람보다 주는 사람의 기쁨이 더 크다."라는 말처럼 그의 마음 속에서 충만한 행복이 넘칠 것이므로 만족감 또한 넘칠 것이다.

반면에 실패의 경험을 반복하는 사람은 자존감이 낮다. 매사에 삐딱하게 보는 부정적 습관을 가진 사람도 마찬가지다. 이들은 주위 사람에게 비난당할 때 강하게 반발하고 그들의 부정적 평가를 벗어나려고 한다. 하지만 이런 행동은 스스로 죄의식을 갖게 해서 자존감과 점점 더 멀어지게 만든다.

◆ 자신감은 습관을 통해서 나타난다

"성공으로 가는 중요한 열쇠 한 가지는 자신감이고, 자신감을 얻는 중요한 열쇠는 준비성이다."라는 괴테의 말처럼 철저한 준비는 자신감의 원천이다. 그리고 아리스토텔레스는 "사람은 반복적으로 행하는 것에 따라 판명되는 존재이다. 따라서 탁월함이란 단일 행동이 아니라 습관이다."라고 말했다. 발표공포를 이기려면 준비하고 또 준비하면 된다. 탁월함이 습관이라는 아리스토텔레스의 말처럼 입에서 줄줄 나올 정도로 완벽하게 준비해서 마치 습관처럼 무의식적으로 강연을 하는 것이다. 머리가 아닌 몸이 저절로 반응할 때까지 연습하면 된다.

동창 중에 대학시절 함께 하숙했던 친구가 있다. 그 친구는 영어 공부를 열심히 했는데 하루 종일 영어만 들었다. 아침에 일어나자마자 라디오 영어 방송을 들었고, 다음 날 영어 공부할 것을 예습했다. 학교에서는 토익이나 토플 같은 영어 강좌를 들었고, 밤에는 오전에 배운 영어를 다시 복습했다. 이렇게 매일 반복하더니 어느 날 밤부터 영어로 잠꼬대를 하기 시작했다. 자다가 누군가 이상한 말을 하기에 일어났더니 친구가 자면서 영어로 프리토킹을 하고 있었다. 반복이 습관이 되면 불가능을 가능으로 바꿀 수 있다는 것을 그 친구에게서 봤다.

'일 만 시간의 법칙'은 스포츠, 음악, 의료 같은 분야에서 세계적인 수준의 기량을 얻으려면 일 만 시간의 연습이 필요하다는 말이다. 스피치 역시 '일 만 시간의 법칙'이 필요하다. 습관은 자신도 모르는 사이에 스스로를 움직이게 한다. 이런 습관은 반복을 통해 만들어진다.

습관처럼 자연스럽게 몸에 배게 해야 할 것은 강의 내용만이 아니다. 목소리, 발음, 어투, 몸짓도 몸에 익어서 저절로 나올 수 있게 만들어야 한다. 머릿속으로 계산되어 나오는 게 아니라 나 자신이 의식하지 않아도 툭 튀어 나오는 습관처럼 말할 수 있어야 한다.

대중 앞에서 강연을 하기 위해서는 모든 가능성을 염두에 두고 철저히 준비해야 한다. 하나에서 열까지 체크하고 또 체크해야 한다. 혹자는 "기계처럼 줄줄 읊어대는 강연이 감동이 있을까?"라고 반문할지도 모른다. 하지만 그것은 오해다. 자신도 모르게 그곳으로 이끄는 습관과 같은 강연이라서 감동이 없을 것이라 예단해서는 안 된다. 오히려 벌벌 떠느라 준비한 내용을 제대로 펼쳐보이지도 못하는 것이 더 큰 일이다.

재미와 감동은 강연을 준비하는 과정에서 얼마든지 보강할 수 있다. 청중과의 공감대를 형성하려면 강의를 시작할 때 어떤 말로 분위기를 잡을 것인지, 주제를 전달하는데 어떤 에피소드가 좋은지, 어떻게 재치 있는 유머로 지루함을 덜 것인지, 목소리의 강약과 제스처까지 철저하게 계산해서 청중의 특성을 분석하고 강의안을 마련해야 한다. 그리고 강의안이 나오면 거울이나 모니터 앞에서 강연하는 연습을 계속 반복해야 한다. 마치 발레리나 강수지가 발가락이 뒤틀릴 때까지 발레를 연습한 것처럼 말이다. 또한 상상강의도 필요하다. 운동선수들이 머릿속으로 시뮬레이션을 하는 것처럼 눈을 감고 강연하는 상상을 해야 한다. 거리를 걷거나, 차 안에서나, 밤에 잠자기 전까지 반복해서 상상으로 강연을 하고 또 해야 한다.

강의를 잘하지 못하는 이유는 대부분 연습을 게을리했기 때문이다. 철저하게 준비해서 툭 치면 줄줄 나올 정도로 강의할 수 있다면 발표공포 따위는 없다. 성공적으로 강연한 경험이 쌓이다 보면 자연스럽게 강연에 대한 두려움이 사라져 여유 있게 강연할 수 있다. 발표불안에서 벗어나 강연에 자신감이 붙으면 자신이 준비한 강의 내용에 현장에서의 느낌과 청중의 분위기에 따라 내용을 덧붙일 수 있다. 노련한 강연자는 현장에 있는 청중들의 요구를 반영해서 강의를 할 수 있다.

강연이 끝나면 대부분 질의응답 시간이 있다. 강사가 거뜬하게 대답할 수 있는 질문은 상관없지만, 때로는 생각지도 못한 질문 때문에 당황하는 경우가 있다. 한편으론 이런 질문을 통해 강연자의 진솔한 이야기를 들을 수 있는 장점이 있다. 하지만 대답하기 곤란한 질문이 오면 진땀을 흘릴 수밖에 없다. 현실적으로 강사가 예측할 수 없는 질문까지 준비하진 못한다. 다만 끊임없이 스스로에게 질문하고 답을 생각해보는 노력을 게을리해서는 안 된다. 사전 질문지를 받아 답을 미리 준비해 가는 경우도 있으므로 주최 측과 의논해서 합리적인 방법을 찾으면 된다.

2018년 동계올림픽이 평창에서 성황리에 개최되었다. 그런데 평창이 개최지로 선정되기까지 두 번의 유치 실패 때문에, 세 번째 개최지로 유치까지 모두들 가슴을 졸였는데 김연아 선수의 활약으로 선정되었다는 에피소드가 전해진다. 김연아 선수는 여유 있는 표정으로 유창한 영어실력을 뽐내며 자신감 넘치는 발표를 했다. 김연아 선수는 떨지 않았을까? 개최지가 확정된 후 김연아 선수는 이런 말로 인터뷰를 했다.

"피겨 경기를 나갔을 때는 개인적인 일이었다. 되면 좋고 안 되면 어쩔 수 없다는 생각이었다. 하지만 이번 일은 달랐다. 내가 실수하면 큰일 날 상황이었다. 부담이 됐다."

사실 김연아 선수는 유치위원회의 홍보대사가 된 뒤 1분 1초를 아껴가며 연습을 거듭했다고 한다. 김연아의 완벽한 프레젠테이션은 철저한 준비 속에서 탄생했고 외신들은 김연아를 평창 유치의 일등 공신으로 뽑았다. 김연아는 발표에 대한 부담을 부단한 노력과 열정적인 연습으로 떨쳐냈다.

데뷔 50년이 훌쩍 넘은 가수가 아직도 무대 위에 오르면 떨린다고 한다. 오랫동안 강연을 해온 사람들도 "사실은 나도 떨린다."라고 고백한다. 그 말을 들은 사람들은 자신의 귀를 의심한다. 하지만 그 말은 진실이다. 그들도 떨리지만 안 그런 척할 뿐이다. 청중 앞에서 두렵고 긴장하는 것은 자연스러운 일이다. 때로는 긴장과 두려움이 동력이 되어 멋진 강연을 하기도 한다. 청중을 가볍게 보면 강연은 반드시 실패한다. 따라서 아직 초보 딱지를 떼지 못한 강연자나 강연을 준비하는 사람들이 떠는 것은 자연스러운 일이다. 누구나 떠는 거라고 받아들이며 마음의 준비를 한다면 조금은 위로가 될 것이다. 때로는 청중들에게 떨고 있는 자신의 상태를 고백하면서 강연을 시작할 수도 있다. 사람들은 웃으며 용기를 주기도 하고 박수를 치면서 격려해주기도 한다. 응원하는 청중들의 모습을 보면서 긴장을 풀고 강연에 임한다면 자연스럽게 이야기가 풀릴 수도 있다.

강의 내용을 완벽하게 숙지했다면 강의 환경을 따져봐야 한다. 강연 장소, 시간, 좌석 배치 형태, 마이크 성능, PPT자료 사용 가능 여부 등의 조건에 따라서 강연의 성과가 달라질 수 있다. 강의 장소는 청중의 수에 맞는 것이 좋다. 청중의 수에 비해 지나치게 크거나 아니면 너무 작은 공간도 좋지 않다. 너무 큰 강의 장소는 휑한 느낌을 주고, 너무 작으면 덥거나 시끄러울 수 있다. 가뜩이나 땀이 많은 강사라면 쾌적하지 못한 환경에서 제대로 된 강연을 할 수 없다. 청중의 좌석 배치 역시 강연에 커다란 영향을 준다. 강의 장소에 빈자리가 많고 청중이 서로 떨어져 있으면 강연자가 의도하는 대로 청중이 반응하지 않을 여지가 많다. 그럴 때는 사람을 한쪽으로 모아야 한다. 강사와 청중은 서로 눈을 맞추며 강연해야 효과적이다. 따라서 좌석배치도 강사를 정면으로 볼 수 있도록 하면 좋다.

음향기기의 성능은 가장 중요한 요소이다. 마이크가 고장이 났다던가, 삐삐 소리가 난다든가, PPT자료가 작동이 안 되면 애써 준비한 것들이 허사가 된다. 할 수 있는 한 체크하고 개선해서 원활한 강연 환경을 만들어야 한다.

강연이 끝났다고 해서 모든 게 끝난 것은 아니다. 강연이 끝난 뒤에는 자신의 강의를 돌이켜 보면서 부족한 점, 좋았던 점, 청중의 반응이 시원치 않았거나 청중이 열광했던 내용 등을 꼼꼼히 메모해야 한다. 사람들이 빠져들었던 에피소드는 따로 정리해서 더 나은 방향으로 발전시킨다. 청중의 반응이 시원치 않았던 에피소드는 과감하게 정리하고 그 원인을 분석하는 것도 잊지 말아야 한다. 앞으로도 강연을 계속 할 것이므로 빠트린 부분을 세세하게 챙기고, 새로운 생각이 떠오른다든가 미흡한 부분이 생각날 때마다 보완하고 또 보완해야 한다. 이런 작업이 꾸준히 이루어질 때 어느 순간 사람들은 당신을 명강사라고 부르게 된다.

명강사는 훈련을 통해서 탄생한다. 아무리 훌륭한 강연이라도 약속한 시간 안에 끝내야 한다. 강사 입장에서는 "시간으로 계산해서 돈을 받는데 돈을 더 받지 않고 이만큼이나 더 해줬는데 고마운 줄 알아야지."라고 생각할 수 있다. 하지만 청중은 강사가 시간을 넘으면 제대로 준비하지 못했다고 판단하기도 한다.

스피치 요청을 받았을 때 잊지 말고 반드시 체크해야 할 것이 있다. 청중이 속한 회사명, 청중의 소속과 직함, 그 회사의 대표 상품이나 광고 등이다. 예를 들어 과거 지적공사가 한국국토정보공사로 명칭이 바뀌었는데 강연장에서 지적공사라고 반복해서 말한다면 청중들은 속으로 '이런 기본적인 정보도 모르고 강연한다고? 대체 우리를 뭘로 보는 거야?'라는 생각을 할 것이 분명하다. 청중의 생각이 이런

데 성공적인 강연을 하지 못하는 건 당연하다. 하버드대학 심리학 교수 윌리엄 제임스는 열정에 대해 이런 말을 했다.

"어떤 분야에서도 궁극적 힘이 되는 것은 목표를 향한 열정이다. 어떤 결과를 바라는 마음이 진실로 절실하면 바라는 결과에 도달하는 것은 거의 확실한 것이다. 선인이 되고 싶다면 선인이 될 것이요, 부자가 되고 싶다면 부자가 된다. 또 학자가 되고 싶다면 학자가 될 수 있다. 다만 그럴 때 필요한 것이 있다. 목적하는 것 이외에는 그것과 양립할 수 있는 여러 가지 일을 버리고 목적한 것만을 진실로 염원해야 한다는 것이다."

당신이 어느 곳에 서 있든, 어떤 직업을 가지고 있든 궁극적인 것은 진심과 열정이다. 강연도 마찬가지다. 마음에 진심을 담고 열정적으로 준비한 내용을 청중에게 전달할 때 청중들은 감동받고 당신에게 열렬하게 환호한다. 사실 청중들은 귀로 강연자의 강연 내용만을 듣는 것이 아니다. 그들은 오감을 이용해서 강연자를 듣고 보고 느낀다. 진심과 열정을 담은 스피치 중 대표적인 것이 마틴 루터 킹의 '나에게는 꿈이 있습니다'이다.

"나에게는 꿈이 있습니다. 그것은 아메리카 드림에 깊이 뿌리를 둔 꿈입니다. 언젠가 이 나라가 모든 인간은 평등하게 태어났다는 것을 자명한 진실로 받아들이고, 그 진정한 의미를 신조로 살아가게 되는 날이 오리라는 꿈입니다. 언젠가는 조지아의 붉은 언덕 위에 예전에 노예였던 부모의 자식과 그 노예의 주인이었던 부모의 자식들이 형제애의 식탁에 함께 둘러앉는 날이 오리라는 꿈입니다. 나의 네 자녀들이 피부색이 아니라 인격에 따라 평가받는 그런 나라에 살게 되는 날이 오리라는 꿈입니다. 오늘 나에게는 꿈이 있습니다. 주지사가 늘 '연방정부의 조처에 반대할 수 있다느니 연방법의 실시를 거부한다느니.'라는 말만 하는 앨라배마주가 변하여 흑인 소년소녀들이 백인 소년소녀들과 손을 잡고 형제자매처럼 함께 걸어갈 수 있는 상황이 되는 꿈입니다."

그는 이 연설을 통해 서로 다른 피부색을 가진 모든 인종과 서로 다른 배경을 가진 모든 국민이 자유와 민주주의의 나라 미국에서 함께 나누고 싶은 꿈을 이야기했다. 그가 남긴 희망적인 메시지는 미국인과 전 세계인의 가슴 속에 여전히 뜨겁게 살아있다.

스피치를 잘하기 위해서는 열정 못지않은 꾸준함이 필요하다. 훌륭한 스피치 강사가 되기 위해 필요한 것들을 철저하게 준비하기 위해서는 재미없고 지루하고 힘든 시간을 보내야 한다. 포기하지 않고 계속할 수 있는 꾸준한 노력이야말로 프로 강사가 되기 위한 기본 중의 기본이다. 사람들이 다른 사람을 처음 만났을 때 평가하는 데 걸리는 시간이 겨우 5초라고 한다. 이는 외모의 중요성을 대변하고 있다. 따라서 강사는 옷차림에도 신경을 써야 한다. 구겨지고 낡은 옷을 입고, 머리는 감았는지 안 감았는지 모르겠는 강사가 연단에 섰다면, 청중들이 그의 외모를 보는 순간 흥미가 반으로 뚝 떨어지고 만다. 외모도 경쟁력이다. 미국의 예술가 앤디워홀은 이런 말을 남겼다.

"당신이 어떤 일을 하느냐가 중요한 것이 아니라 다른 사람들이 당신이 어떤 일을 한다고 생각하느냐가 중요하다."

강사 역시 시간, 장소, 상황에 맞추어 옷을 입는 것이 중요하다. 자신의 강연 내용과 어울리는 옷차림이어야 한다. 강사는 주로 정장 차림을 하지만 청중의 연령대나 장소에 맞추어 변화를 주는 것도 괜찮다. 만일 청소년을 대상으로 강연한다면 학생들과 거리감을 줄이고 마음을 열기 위해 면바지나 청바지를 입는 것도 고려할 만하다. 강사는 강연으로 말해야 한다고 주장할 수도 있다. 하지만 부단한 노력으로 시간을 투자하고 열정을 담아 준비한 강의를 더 돋보이게 하려면 얼굴 표정, 몸짓 하나, 옷차림에도 정성을 쏟아야 한다.

스피치 강사에게 "고작 말 몇 마디하고 돈 버는데 그것보다 쉬운 일이 어딨어?"라고 말하는 사람들이 있다. 그 말은 잘못된 것이다. 사실 스피치는 힘들고 피곤한 일이다. 청중 앞에서 항상 밝고 활기찬 모습을 보여야 하고, 스피치 원고를 만들기 위해 끊임없이 공부하면서 연구해야 한다. 눈과 귀, 오감을 열어놓고 에피소드를 찾아야 한다. 만일 스피치가 쉽다고 말했던 사람이 실제로 강연을 해보면 심한 스트레스로 앓아누울지도 모른다.

(3) 핵심메시지

여행을 떠나기 전 가장 먼저 준비해야 할 것은 무엇일까? 여행 가방? 입고 갈 옷? 아니다. 목적지를 정하는 일이다. 목적지가 어디인지에 따라 가방도, 그 속에 담을 물건들도 달라진다. 명강사는 스피치의 목적을 알고 거기에 부합하는 스피치를 하는 사람이다. 즉 청중에게 핵심메시지를 정확하게 전달할 수 있어야 한다는 것이다. 강연에서 전달하고자 하는 핵심메시지는 사수가 총을 쏠 때의 과녁과도 같다. 목표가 명확해야 명중시킬 수 있다.

아무리 아름다운 보석이라도 원석일 때는 값이 떨어진다. 세공사가 돌 속에 숨어있는 보석을 꺼내어 갈고 닦아야 비로소 보석으로서의 값을 매길 수 있다. 핵심메시지도 마찬가지다. 사람들에게 꼭 필요한 내용이라도 전달력이 떨어져 마음에 닿지 못한다면 헛일이 되고 만다. 일방적으로 자신의 주장만을 되풀이 하는 강사는 사람들의 공감을 이끌어낼 수 없다.

"동기를 부여하거나, 설득하거나, 기억에 남고 싶다면 고난과 승리의 이야기로 시작하라."

폴자크의 말이다. 지금은 스토리텔링이 대세다. 흥미 있는 에피소드는 사람들 머릿속에 오래도록 남아 잊히지 않는다. 그래서 각종 광고 속에는 제품에 얽힌 감동적인 이야기로 고객에게 다가간다. 스피커는 핵심메시지를 에피소드를 통해 드러내야 한다. 좋은 에피소드는 사람들의 이해를 돕고 감동을 주는 데 탁월한 효과가 있다. 명강사는 에피소드를 들려주며 청중을 설득한다. 우리가 드라마를 볼 때 드라마 속의 인물과 나를 동일시하는 것처럼 청중들은 자신을 에피소드의 인물인 것처럼 생각한다. 쉽게 감정이입을 하여 에피소드 속 인물처럼 울고, 때로는 웃는다. 이것이 에피소드가 갖고 있는 힘이다. 남들과 다른 특별한 나만의 경험, 그 속에서 얻은 깨달음과 깊이 있는 지식을 재미있고 감동적이고 특이한 에피소드와 결합한다면 살아있는 강연을 할 수 있다. 내가 직접 겪은 일이므로 상황에 따라 주제에 맞춰 다양한 변주가 가능하다. 청중의 입장에서 생각해봐도 놀라운 일을 경험한 강사에게서 직접 그 순간을 생생하게 들을 수 있다는 것은 가슴이 뛸 만큼 설레는 일이다. 명강사가 되려면 나만이 할 수 있는 에피소드가 있어야 한다.

그리고 에피소드는 드러내고자 하는 메시지와 부합해야 한다. 에피소드는 메시지를 드러내기 위한 최적의 수단이라는 것을 잊어서는 안 된다. 먼저 메시지를 드러낸 다음 관련 에피소드를 통해 청중을 설득해야 한다. 그런데 하나의 에피소드만으로 청중을 설득하려고 해서는 안 된다. 하나보다는 둘, 둘보다는 세 개의 에피소드로 근거를 쌓으면 청중은 강사의 주장에 쉽게 빠져든다. 강사가 들려주는 여러 개의 에피소드에 자신의 경험과 중첩된 것이 있으면 청중의 몰입도 더 높아진다. 그렇다면 청중을 설득하는 좋은 에피소드란 어떤 걸까?

요즘 TV방송에 부부생활의 이야기를 맛깔스럽게 풀어내는 프로그램이 인기다. '동치미'와 '얼마예요'라는 프로그램에서는 남자와 여자 혹은 부부 패널들이 자신의 결혼 생활에서 있었던 수많은 에피소드들을 꺼내놓는다. 시댁과의 갈등, 남편의 바람, 이혼 위기, 친정과의 관계, 재산 문제, 자녀 문제, 자아 찾기 등 끝없이 샘솟는 샘물처럼 새로운 이야기들이 펼쳐진다. 삶이란 이처럼 끝없는 에피소드의 연속이다.

그런데 곰곰이 떠올려보면 그들에게만 그런 일들이 있었던 것은 아니다. 우리 모두에게도 수많은 에피소드들이 존재한다. 어디에서도 만날 수 없는 자신만의 색깔이 들어있는 나만의 독특한 이야기가 탄생하는 것이다. 그들과 다른 환경과 다른 성격 때문에 전혀 다른 에피소드가 나온다. 청중은 그 누구도 아닌 당신의 이야기에 귀를 쫑긋 세울 것이다. 강사는 자신의 이야기를 할 때 더 큰 열정을 보여줄 수 있다. 카네기는 이런 연설을 남겼다.

"인생이 당신에게 가르쳐준 것을 이야기하라. 그러면 당신의 이야기에 귀를 기울일 것이다. 다른 누구누구가 한 이야기가 아니라 당신 자신이 생각하는 것을 자신의 입으로 이야기하라."

사람들에게 자신의 에피소드를 말하라고 하면 떠오르는 게 없다고 말한다. 하지만 누구에게나 에피소드는 있다. 살아온 시간 곳곳에 에피소드가 여기저기 박혀 있는데 본인만 의식하지 못한다. 에피소드를 에피소드라고 인지하지 못하는 것이다.

웃겼던 일, 슬펐던 일, 놀라웠던 기억, 감동적이었던 경험, 실패한 일, 어이없었던 일 등 모든 에피소드는 강연에 사용할 최고의 콘텐츠가 될 수 있다. 또 누구나 공감할 만한 보편적인 내용의 에피소드도 좋다. 탄생과 죽음, 부모와 자식 간의 사랑, 부부 사이의 문제, 친구 사이의 우정 등 우리의 삶 속에서 겪는 내용이라면 누구나 쉽게 고개를 끄덕일 것이다. 그렇다고 빤한 이야기만 해서는 곤란하다. 새롭고 신선한 이야기, 반전이 돋보이는 에피소드가 적절하다. 사람들의 기분을 고조시키는 밝고 즐거운 이야기, 단순하면서도 감동 있는 이야기라면 청중을 사로잡을 수 있다. 설사 유머에 자신이 없다 해도 감동적인 에피소드를 가지고 청중이 강연에 집중할 수 있게 만들면 된다. 명강의를 하려면 보편적인 이야기와 새로운 이야기 모두 필요하다.

자신만의 시각으로 다른 사람과 차별화되는 에피소드를 만드는 것이 중요하다. 수집한 것들이 아무리 사소하더라도 관점을 달리하면 전혀 다르게 다가올 수 있다. 에피소드를 어떻게 가공해서 나만의 독특한 콘텐츠를 만들 것인가 늘 연구해야 한다. 남들이 생각지 못하는 새로운 에피소드에 청중들은 환호한다.

중요한 것은 생각의 깊이와 사물을 바라보는 자신만의 독특함이다. 에피소드를 활용할 때 유의해야 할 것은 생생한 표현을 사용하여 박진감 넘치게 이야기해야 한다는 것이다. 같은 이야기를 하더라도 몰입도가 높게 이야기하는 사람이 있는 반면에 재미없게 말하는 사람도 있다. 자신의 이야기에 빠지게 하려면 사람들이 흥미 있어 할 만 한 요소를 연구해서 적절하게 집어넣어야 한다.

자신이 경험한 에피소드를 이야기할 때는 진심을 담아 겸손한 자세로 펼쳐 나가야 한다. 청중들이 강사가 자기 자랑만 늘어놓는다고 느껴서는 안 된다. 그리고 강연하기 전에 내가 준비한 에피소드의 내용이 정확한 것인지 반드시 확인해야 한다. 인터넷에서 퍼오거나 책에 나온 내용이라고 하더라도 반드시 내용을 검증하는 습관을 들이는 것이 좋다. 내용이 아무리 기발하고 특출난 것이라도 잘못된 통계나 오류가 있는 것이라면 사용하지 않아야 한다. 설사 사용하더라도 반드시 잘못되었다는 점을 청중에게 확인시켜 주어야 한다.

◆ 핵심메시지 뼈대를 만드는 (P)피 터지고 (R)알 배기는 (E)이야기

핵심메시지가 정해졌다면 주제를 중심으로 개요를 짜야 한다. 개요는 스피치의 설계도이기 때문에 기본적으로 머리에 주입하고 있는 것이 좋다. 예기치 않은 곳일지라도 기본기가 탄탄한 스피치를 할 수 있게 도와주기 때문이다. 나는 강연 스케줄이 잡히면 핵심메시지에 따라 개요표를 먼저 작성한 뒤 스피치 원고를 쓴다.

스피치에서 가장 중요한 것은 주제를 어떻게 잘 전달하느냐이다. 핵심메시지를 전달하는 방법에는 PREP기법이 있다. 쉽게 설명하면 핵심메시지의 중심에서 주장Point, 이유Reason, 사례Example, 주장Point이 도출되어야 한다는 것이다. 핵심메시지에서 벗어난 주장은 아무리 읍소해도 의미가 약해진다. 또한 주장에 대한 적절한 이유와 사례가 뒷받침되지 않으면 근거가 미약해 주장이 힘을 잃는다. 마지막에 다시 주장Point을 말하는 것은 강조의 의미가 있다. 처음에 했던 주장을 반복하라는 것이 아니라 이유와 사례를 바탕으로 주장에 대한 확고한 신념을 전달하라는 것이다. 수미상관의 구조로 처음과 끝을 이어 붙여 스피치의 완결성을 높이는 효과도 거둘 수 있다.

전달하려는 중심 내용, 즉 핵심메시지를 어떻게 청중들에게 각인시킬 수 있을까? 강사라면 누구나 그 방법을 찾기 위해 고민해왔을 것이다. 핵심메시지의 뼈대를 만드는 방법은 다음과 같다.

앞서 말한 PREP를 (P)피터지고 (R)알배기는 (E)이야기라고 외우면 쉽게 기억할 수 있을 것이다. PREP는 말하고자 하는 핵심 포인트 즉 핵심메시지를 말하려면 먼저 핵심메시지를 말하고 이유와 예를 든

다음 다시 핵심메시지를 반복하면 청중이 명확하게 이해하고 기억할 수 있게 된다는 말이다.

한 남자가 회사에서 돌아오자마자 아내에게 밥을 차려 달라고 하는 상황에서 남자는 어떻게 해야 핵심메시지를 잘 전달할 수 있을지 알아보자.

핵심메시지(P) 여보, 나 밥 좀 차려줘.

이유(R) 나 배가 너무 고파.

예(E) 오늘 일이 너무 많아서 점심 먹을 시간도 없었거든. 그래서 점심도 굶었어.

핵심메시지(P) 여보, 밥 좀 부탁해.

또 다른 상황은 "일기 쓰는 습관이 중요하다."라는 핵심메시지를 전하는 강연을 위해 준비한다면 다음의 방식으로 개요를 작성할 수 있다.

핵심메시지(P) 저의 생활신조는 일과를 매일 기록하자는 것입니다.

이유(R) 왜냐하면 하루를 기록하는 일기를 쓰는 일이야 말로 나의 추억이 쌓여가는 일이고 때로는 나에 대해 반성하고 돌아보는 계기가 되기 때문입니다.

예(E) 2006년부터 쓰던 일기는 저에게 10년이 넘는 기록이 되었습니다. 기록하는 습관을 가지면서부터 매일 자신의 마음을 털어놓게 되고, 부끄러운 것은 후회하게 되어 정신적으로도 건강해진 것 같습니다. 또한 처음엔 어색했던 문장들이 다듬어지며 단어를 적절하게 사용하여 좋은 말을 사용하는 밑거름이 되었습니다.

핵심메시지(P) 이렇듯 일기를 쓰는 좋은 습관은 저를 한층 더 성숙하게 만들어 주었습니다.

핵심메시지를 전달할 때 유의할 점은 청중이 설득되어야 한다는 점이다. 강연자가 대중 앞에 서는 목적과 서로 상통하는 점인데 청중의 마음을 움직이기 위해 핵심메시지로 설득해야 한다. 청중에게 확실한 신뢰를 주지 못하면 설득당하지 않을 뿐더러 반감을 불러일으키기도 한다. 청중의 설득 여부는 오롯이 강연자에게 달려 있다. 다음의 설득비법을 참고하여 스피치에 대입해보자.

“강연할 때 반드시 해야 할 말이 있다. 필요한 말은 꼭 해야 한다. 아울러 경우에 따라서는 많은 말이 필요하기도 하다. 말을 많이 하면 당신은 분명히 해야 말을 잘하게 될 것이다. 그러나 허황되거나 허무맹랑한 말은 신빙성에 의문을 갖게 하고 결국 신뢰를 잃게 한다. 말에는 반드시 진정성이 필요하다. 진정성이 없는 말은 결코 청중을 울리지 못한다. 좋은 스킬이 있더라도 ‘진정성을 이길 수 없다.’는 말은 꼭 명심할 필요가 있다.”

실전을 위한 연습 Tip

▶ 핵심메시지 뼈대 만들기 연습

상황을 만들어 PREP 연습하기

핵심메시지(P) :

이유(R) :

예(E) :

핵심메시지(P) :

3장

이야기 스피치

끌리는 스토리텔링 4가지 공식

공감대를 잡아라

지구상에 살고 있는 수많은 사람들 중 외모가 같은 사람은 단 한 명도 없다. 똑같다는 일란성 쌍둥이조차 조금은 다른 점이 있다. 우리의 내면도 이와 같다. 사람에겐 개성이란 것이 있고 그것이 나를 나답게 한다. 그런데 이 다름을 한 곳으로 묶는 힘이 있다. 그것은 바로 공감대다.

평소 우리는 책을 읽고, 영화를 보고, 음악을 듣고, 미술품을 감상하곤 한다. 우리가 만난 수많은 예술품들은 우리를 감동시킨다. 그것은 그 안에 담긴 무언가가 우리에게 메시지를 보냈기 때문에 우리는 예술가의 마음에 공감한 것이다. 공감은 세상의 서로 다른 사람들을 단숨에 무장해제시킨다.

스피커는 여기에 집중해야 한다. 성별, 빈부, 세대차이 등 전혀 다른 사람들 사이에서도 공감대를 찾아내는 슬기를 가져야 한다. 다행히 요즘은 대중매체가 다양하고 활발해서 모든 사람이 관심을 갖는 부분을 건드리면 의외로 청중의 공감을 쉽게 이끌어낼 수 있다. 인간이라면 보편적으로 갖고 있는 심성, 즉 여리고 약한 것에 대한 동정심, 어머니를 그리워하는 마음, 평화를 사랑하는 마음처럼 사람들의 내면 깊은 곳을 들여다보면 재산이나 지위와 같은 겉치레를 떠나 인간적인 냄새가 나게 하는 부분이 있다. 바로 이런 부분에 포인트를 주면 모든 사람들의 관심을 끌 수 있다.

사람들은 타인의 이야기에 그리 오래 집중하지 못한다. 그렇지만 자신이 동질감을 느낄 수 있는 이야기, 혹은 자기와 똑같은 경험을 한 사람의 이야기에는 몰입한다. 드라마나 영화에 열중하다 보면 마치 자신이 주인공이 된 듯한 착각에 빠지는 경우가 있다. 스피치에서도 스피커가 청중 자신을 주인공 삼아 이야기를 들려준다면 말 한마디 한마디에 집중해서 들을 것이다. 그러므로 스피커는 청중 한 사람 한 사람이 주인공이 된 것처럼 공감대를 찾아야 하는 것이다.

스피커는 자신이 잘 알고 있다고 해서 남들이 다 알아주리라고 생각해서는 안 된다. 부부관계에서도 이심전심은 어렵다. 하물며 타인은 내가 말하지 않으면 결코 그 내용을 알 수 없다. 내가 잘 알고 있다고 해도 잘 전달하지 못하면 그 강연은 실패로 돌아가기 쉽다. 평소 자신이 의도한 바를 잘 전달해서 상대방을 설득시킬 수 있어야 성공한 사람이다. 달리 말하면 남을 설득할 수 있다는 자신감이 그를 성공의 방향으로 이끈다.

살아가면서 우리는 수많은 곳에서 사람들의 말을 듣는다. 어떤 말은 영원히 가슴을 뛰게 하는가 하면, 어떤 말은 방금 들었는데도 먼지처럼 흩어져 기억나지 않는 경우도 있다. 당신이 대중 앞에 서게 된다면 어떤 말을 해야 할까?

당신은 청중 앞에 서는 순간 청중에게 빚진 채권자가 된다. 빚은 물질적인 것이 아니라 청중이 원하고 바라는 바를 채워줘야 하는 책임감이다. 최소한 그날의 핵심메시지를 제대로 전달해 그들의 마음을 휘어잡아야 하는 것이다. 처음이 어려우면 공감대가 있는 명언이라도 이용하라. 상황에 맞는 적절한 한 마디의 명언은 청중의 관심을 고도로 이끌어낼 수도 있다.

명언은 이미 검증된 인지도가 있는 유명인사의 말이어서 신뢰도가 높다. 따라서 내 진심을 대중에게 마치 화살을 날리듯 전달하고 싶을 때나, 강연의 격을 높이고자 할 때 이용한다면 그들의 마음을 움직일 수 있다. 오늘 이 스피치 현장에 앉아있는 대중은 스피커를 통해 자기 자신이 어떤 사람인지 깨닫고, 자신이 좋아하고 잘할 수 있는 일을 찾아내 인생을 멋지게 개척하려고 왔을 수도 있다.

"상대방 최고의 장점을 찾아주고, 스피치로 나를 바꾸고, 세상을 놀랍게 변화시킨다."

내가 스피치를 할 때 자주 애용하는 구호이다. 이것이 내가 스피치 강의를 하는 목적이고 스피치를 통해 추구하고자 하는 핵심 가치다. 이 문구는 말의 영향력을 믿는 믿음에서 비롯되었다. 유명인사들이 나오는 어느 동영상에서 착안했는데 나는 그들의 가치관이 강연을 통해 생생하게 드러나는 것을 보았다. 동영상에는 사회적으로 성공한 세 명의 인물이 등장한다.

첫 번째 등장 인물은 스타벅스 회장 하워드 슐츠였다. 그는 자신이 일곱 살 때 다친 아버지를 보며 생각한 것을 사업에 적용시켰다고 한다. 가난 때문에 아버지가 적절한 치료를 받지 못했던 것에 안타까움을 느끼고, 스타벅스에 소속된 사람이라면 임시직이라도 의료보험 혜택을 받을 수 있도록 한다는 것이다. 그는 "커피를 팔지 않습니다. 사람을 위한 비즈니스를 합니다."라고 말하며 강연을 마무리했다.

두 번째는 자서전, TV, 영화를 통해 더 유명해진 스티븐 잡스가 나왔다. 창의력과 기술력에 예술을 조합함으로 첨단 기기는 물론 디자인의 혁신을 가져온 인물이다. 그의 성공신화 또한 사람들에게 용기를 준다. 실패에 좌절하지 않고 자기 길을 꿋꿋이 갔다는 것 자체가 그가 어떤 사람인지 분명하게 말한다. "컴퓨터를 만들지 않습니다. 삶을 풍요롭게 합니다."라는 말은 그를 나타내는 가장 적절한 표현이라고 생각한다.

마지막으로 등장한 인물은 오프라 윈프리였다. 그녀는 어린 시절 당해야 했던 아픔과 좌절을 스스로 밝히며 사람들에게 용기를 준 인물이다. 그녀는 한 권의 책을 읽고 인생의 목표를 정한 뒤 자신의 삶을 성공으로 이끌었다. 그래서 매주 그녀가 소개하는 책은 의미가 남다르게 다가오고 베스트셀러가 된다. "토크쇼를 진행하는 것이 아닙니다. 사람들의 의식수준을 높입니다."라는 표현이야말로 그녀를 드러내는 최고의 문구라고 무릎을 치며 인정하게 만들었다.

이들은 모두 각자의 영역에서 최고의 수준에 올랐지만 스피치를 통해 사람들의 가슴에 각인된 사람들이기도 하다. 그들이 대중의 마음을 사로잡은 비결은 공감대를 형성했다는 것이다. 그것이 가난이든, 개인적 아픔이든, 실패나 어려움 극복이든 간에 사람들과 나눌 수 있는 마음을 끌어냈다는 것이 중요하다. 나는 그들에게서 들은 가치를 스스로에게 적용시키며 삶을 변화시키고 세상이 변화되는 데 일조를 하고자 한다. 여러분 역시 그렇게 되기를 바란다.

언어에도 품격이 있다. 특히 토론장에 가면 패널의 됨됨이가 보인다. 그 사람의 품격이 말에서 나오기 때문이다. 토론을 하는 경우 그 분위기의 흐름을 잘 이해해야 한다. 정치인은 토론을 잘못해서 지지율이 떨어질 때가 있다. 자신의 논리가 설득력을 잃고 시청자와 공감대를 형성하지 못했을 때 그렇다. 사태를 파악하지 못하고 동문서답을 하거나, 질문 의도를 몰라 어리둥절한 채 엉뚱한 말을 하거나, 틀린 자료를 제시하거나, 논리 부족으로 반론이 아닌 억지로 공격할 경우 자신도 감당하지 못할 만큼 인지도가 하락한다. 이런 분들은 일찍이 정치를 접는 게 현명한 처사다. 너무 냉혹하다고 말할지 모르지만 사람은 자신을 잘 알아야 한다. 대중의 눈높이에 맞출 수 있는 자격이 있을 때 대중 앞에 나서야 한다. 자신이 그런 자격이 안 된다고 생각한다면 배워야 한다.

"스피치는 (삶)이다!"

말을 어떻게 하느냐에 따라 청중의 반응이 다르다. 무엇보다 명쾌하게 전달하는 게 관건이다. 스피치도 잘하는 법이 있다. 그중 한 가지, 어떻게 청중을 사로잡아야 하는지 그 방법을 공개한다.

스피치를 연습할 때는 한 가지 주제로 1분씩 시작하는 게 좋다. 좀 더 나아지면 약 3분까지 스피칭을 해보자. 처음에는 60초밖에 안 되는 시간이 굉장히 길게 느껴진다. 유창한 언변의 소유자도 1분을 채우기 위해 비지땀을 흘릴 것이다. 처음에는 자신의 모습을 보면서 연습하는 게 어색해 중도 포기하기도 한다. 그러나 유명화가들의 값진 자화상을 보라. 그들은 객관적으로 자신을 들여다보고 자화상을 그렸다. 바로 그와 같이 거울 속 자신을 객관적으로 평가하며 연습하면 스피치가 가능해진다. 이때 거울 앞에서 자신의 모습을 살피며 해본다면 일거양득이다. 스피치 연습과 표정, 동작까지 점검할 수 있기 때문이다.

말을 많이 한다고 해서 스피치가 성공적이라고 할 수 없다. 아무리 말을 많이 해도 그것이 의미 없는 말이라면 아무 소용없다. 그런 말들은 바람처럼 한순간 사라져버린다. 또 청중을 기분 좋게도 만들 수 있지만 한편으로 갈등을 유발시킬 수도 있다. 말은 강사를 위한 것이 아니라 청중을 위한 것임을 명심해야 한다. 그 점을 분명하게 인식했다면 말하는 방법의 힌트를 잡은 것이다. 말은 듣는 사람을 배려하며 해야 한다. 자신의 감정을 말하지 말고 상대의 감정을 건드리는 스피치를 할 수 있어야 공감대가 형성된다.

문장의 묘미를 살린다는 것은 새롭거나 좋은 문장을 접하라는 뜻이다. 좋은 말은 뇌를 살아나게 한다. 바로 창의적으로 움직이는 것이다. 쉽고 편안한 문장에 당신만의 감성이 담긴 문장을 스피치하면 다른 사람들과 차별화를 가져올 수 있다. 스피커는 일정한 간격 유지를 하며 청중을 이끌어야 한다.

나는 시간 여유가 생기면 눈에 보이는 사물이나 생각나는 단어로 삼행시나 사행시 짓기를 하는데 꼭 메모를 하며 즉석에서 만들어낸다. 그러면 임기응변이 가능해지고 문장으로 문맥을 잇는 감각을 키울 수 있게 된다. 이때 삼행시의 경우 첫 번째와 두 번째 행은 일반적인 문장으로 연결시키고 세 번째 행에서 반전을 꾀하는 방식을 쓴다. 재미를 더하고 앞의 두 행의 분위기를 180도 전환함으로써 웃음을 유발하도록 하는 것이다. 또한 삼행시가 완성되면 마지막 행을 전혀 다른 문장으로 바꿔 새로운 삼행시를 쓰기도 한다. 문장에 따라 분위기가 어떻게 달라지는지 실감하는 방법이다. 이렇게 연습을 하다 보면 대중 앞에 섰을 때 현장에서 문장을 능수능란하게 사용할 수 있게 된다.

명언은 너무 흔하고 일반적인 관용어 같아서 쓰기 민망하다는 사람도 있다. 하지만 각도를 달리해 생각해보면 청중이 쉽게 이해할 수 있다는 장점도 있다. 명언과 관련된 짤막한 에피소드와 더불어, 명언에 자신의 소감과 견해를 덧붙이면 강연 소재로 이보다 더 좋은 게 없다. 또한 책을 읽거나 다른 사람의 강연을 듣게 되었을 때도 옮겨 적고 싶은 구절은 헤아릴 수 없이 많다. 삶의 경험에서 우러나온 그들의 말은 심금을 울리고 마음을 동요시킨다. 유명인사나 전문가에게는 당신이 감히 범접하지 못할 고유의 철학이 있다. 그들의 말이나 글을 통해 나온 삶의 진정성과 가치를 당신이 대중 앞에 섰을 때 인용해보자. 강연장에서 그런 말이나 글로 서두를 장식한다면 색다른 오프닝이 되고 핵심 주제도 잘 드러날 수 있을 것이다. 명언을 하는 사람이 정해져 있는 것이 아니고, 당신이 한 말도 누군가에 의해 인용될 수 있다는 사실을 기억하자.

팩트를 찾아라

"당신의 이야기가 최고의 콘텐츠다."

상대방을 설득하는 가장 좋은 방법은 바로 당신의 이야기를 하는 것이다. 감동은 디테일에 있다는 말이 있다. 우리는 타인의 삶을 디테일하게 속속들이 잘 알지 못하지만 내 삶은 그렇지 않다. 첫사랑과의 달콤했던 데이트 때 저녁으로 무얼 먹었는지, 그녀가 입었던 옷은 무엇이었는지, 내 말에 웃던 그녀의 볼에 홍조가 있었다는 것까지도 세세하게 기억할 수 있다. 첫사랑과 이별하던 날, 떠나는 그녀를 보내기 싫어 잡고 또 잡았던 안타까운 마음 또한 어떻게 잊을 수 있겠는가? 당신의 기억에 존재하는 한 그 사건은 가치를 지닌다. 굴곡진 우리 인생의 이야기는 듣는 사람을 감동시키고 그것에 빠져들게 한다. 흥미로운 이야기는 진실(팩트)을 바탕으로 한 이야기를 가리킨다. 이야기는 그것이 사실이라는 것에 더욱 비중이 실리는 것이다.

미국의 소설가 마크 트웨인은 "당신이 늘 진실을 말한다면 그 무엇도 기억하지 않아도 된다."라고 말했다. 진실은 수많은 미사여구를 동원할 필요가 없다. 사실을 더하거나 빼지 말고 그대로 전달하기만 해도 사람의 마음을 움직일 수 있다. 진실된 말 한 마디는 허풍 섞인 백 마디 말보다 더 강한 것이다.

우리 주변에 "나는 다른 사람에게 들려줄 만한 것이 없어요."라고 말하는 사람이 있다. 단언컨대 이 말은 틀렸다고 생각한다. 본인은 아무것도 아니라고 생각하는 일이 타인에게는 시행착오를 줄이는 소중한 경험이 될 수 있고, 내게는 너무나 평범한 일들이 다른 사람들에게는 정말 요원한 일일 수 있기 때문이다.

내 친구 중에 매운탕을 유난히 잘 끓이는 친구가 있다. 다른 사람이 끓인 매운탕보다 국물이 감칠맛이 있어 좋았다. 그의 매운탕을 먹을 때마다 우리는 맛있다고 감탄하며 비법이 뭐냐고 물었다. 그럴 때마다 그 친구는 "별 거 아니야."라고 말하며 씩 웃기만 했다. 어느 날 나는 정색을 하고 도대체 뭘 넣은 거냐고 물었다. 그는 대수롭지 않게 "그냥 무말랭이를 10분정도 끓여서 국물을 내면 돼."라고 말했다. 그의 말대로 했더니 국물 맛이 그전에 내가 끓였던 것과 확연히 달랐다. 그에게는 사소한 일이었지만, 나에게는 새로운 맛의 세계에서 온 초대장이었다.

언제나 자신의 이야기만 강연의 소재로 써야 한다는 것은 아니다. 우리는 타인의 삶을 통해 감동을 받기도 하고 교훈을 얻기도 한다. 훌륭한 철학자에게서 배우기도 하고 흉악한 범죄를 저지른 살인자를 보면서 느끼는 것도 많다. 스피치에서 중요한 것은 얼마만큼 청중에게 흥미를 줄 수 있느냐는 것이다. 청중이 흥미를 느끼고, 강연에 집중하고, 의미 있는 변화를 느낄 수 있어야 성공한 스피치라고 할 수 있기 때문이다. 이때 흥미로운 이야기는 팩트를 바탕으로 한 진실된 이야기여야 한다.

앞서 언급했던 스타벅스 회장 하워드 슐츠의 고생담을 예로 들어보자. 하워드 슐츠는 1953년 7월 19일 뉴욕 브루클린의 가난한 집안에서 태어났다. 그의 아버지는 육군 출신의 트럭운전사였다. 하워드 슐츠가 7살 때 아버지는 사고로 다리를 잃었는데, 회사는 이에 책임지지 않았다. 게다가 의료보험도 되지 않아서 집안 형편은 더욱 어려워지기만 했다.

하워드 슐츠는 어린 시절부터 신문을 팔고 카페에서 일하는 등 온갖 아르바이트를 전전했다. 대학에 갈 수 있는 형편이 안 되었지만, 운동에 소질이 있었던 하워드 슐츠는 북부 미시간대학에서 운동 장학금을 받고 입학했다. 그리고 1975년 커뮤니케이션 학사 학위를 받는다.

그가 이렇게 어려운 생활을 슬기롭게 잘 버틸 수 있었던 것은 어머니의 힘이 컸다. 어머니는 그가 좌절하지 않도록 책을 읽어주고 용기를 북돋아주었다. 어머니의 이런 헌신은 그가 살아갈 수 있는 버팀목이 되었고, 훗날 경영 정책에 많은 영향을 끼친다.

하워드 슐츠의 인간 중심에 두는 휴먼 마인드는 이렇게 그의 어머니에게서 비롯되었다. 하워드 슐츠는 자신이 어려움을 몸소 당해보았기에 항상 '파트너'라고 불렀던 그들의 고통을 잘 알고 있었다. 그래서 스타벅스 전 직원, 심지어는 파트타임 직원에게도 의료보험 혜택을 주었다. 그는 파트너들을 단 한 번도 낮춰보지 않았으며 함께 가는 영원한 동반자로 생각했다. 이렇게 파트너로 명명된 그들은 하워드 슐츠의 진정어린 마음에 감동했다.

하워드 슐츠는 2000년 경영 일선에서 물러났다가 위기에 빠진 회사를 구하고자 2008년 1월, 8년 만에 다시 CEO로 전격 복귀했다. 그리고 스타벅스를 송두리째 바꿔놓은 초유의 혁신 프로젝트를 감행하기 시작한다.

그는 '초심'을 강조하며 경영혁신을 일으켜 스타벅스의 원래 핵심 가치인 프리미엄 커피와, 편안한 공간을 되찾기 위해 노력했다. CEO 하워드 슐츠의 혁신이 다시 시작되었다. 그는 위기를 극복할 방법으로 최대의 어려운 선택을 했다. 2008년 2월 26일, 미국 전역의 스타벅스가 문을 닫은 것이다. 닫힌 매장 문 안쪽에서는 모든 바리스타들이 에스프레소 제조와 고객 서비스에 대한 재교육을 받았다. 70억 원의 매출을 포기하고 경영진과 이사회, 주주들의 반대를 무릅쓰며 감행한 이 사건은 스타벅스 개혁을 상징하는 유명한 일화로 알려졌다. 그는 이를 시작으로 스타벅스의 초기 경영 이념과 핵심 가치를 되살린 혁신 어젠다를 정립하고 2년여에 걸쳐 착실하게 실행했다. 그 결과, 2010년 스타벅스는 11조 원이라는 사상 최대의 매출을 기록하며 제 2의 전성기를 맞이하고 있다.

현재 스타벅스는 75개국에 2만 8천여 개 이상의 매장을 운영하고 있다. 하워드 슐츠가 CEO로 복귀해 놀라운 혁신을 이루면서 동시에 스타벅스는 여러 가지 사회적 문제들에 대한 지속적인 노력과 헌신도 함께하고 있다.

나는 강연장에서 하워드 슐츠를 자주 언급하곤 한다. 그의 삶이 극한의 상황 속에서 어떻게 행동해야 하는지를 보여주는 표본이라는 생각이 들기 때문이다. 그는 아버지의 고통을 통해 자신이 어떻게 직원들을 대해야 하는지를 깨달았고, 어머니와 함께 읽은 책을 통해 인간을 중심에 두는 마인드를 갖추었다. 커피는 사람과 사람 사이의 교감을 돕는다는 그의 철학은 '온워드(전진, 앞으로)'라는 단어에 함축되어 있다. 하워드 슐츠는 급격한 개혁과 독불장군식의 해결법이 아닌, 직원들의 자발적인 참여를 이끌어내는 독특한 감성 리더십으로 쓰러져가는 스타벅스를 다시 일으켜 세운 것이다.

흔히 사람들은 할리우드 스타, 전설적인 운동선수, 유명 작가 등을 동경하는 경향이 있다. 우리는 그들이 전혀 다른 세상에서 살고 있는 다른 종류의 사람이라고 생각한다. 성공과 부를 이룬 사람이므로 그들이 가지고 있는 권위, 명예, 돈이 만드는 아우라에 열광하는 것이다. 그렇기 때문에 그들이 겪은 삶의 단편들을 사실 그대로 적나라하게 이야기할 때면 사람들은 충격과 감동을 받는다. 겉모습만 보고는 알 수 없었던 진실이 드러나는 순간, 그들도 보통 사람들과 똑같이 즐거움과 슬픔, 노여움과 기쁨을 느낀다는 것과 인간이라면 누구나 거쳐 가는 생로병사의 굴레에서 벗어날 수 없다는 것을 깨닫기 때문이다. 물론 그들이 겪은 삶의 여정에서 맞닥뜨린 역경을 아는 순간, 하늘의 별 같은 존재에서 나와 같은 세상에서 사는 존재로 위치가 떨어질 수 있다. 하지만 사람들은 그들이 이룬 성취가 피나는 노력과 인내로 만들어진 것에 더욱 열광하고 존경하는 마음을 가지게 된다. 진실이 담긴 팩트에 사람들은 깊은 감동을 느끼는 것이다.

소재는 오늘에서 찾아라

P씨는 성공한 삶을 살았다. 안정적인 직장에서 안락하게 정년을 맞이했고 자식들도 제 역할을 담당하는 직장인이 되었다. 연금이 나오고 노후를 위한 준비도 든든하게 해놓아서 걱정이 없었다. 그런데 단 한 가지, 할 일이 없다는 사실에 그는 괴로웠다. 일에 집중하느라 취미를 가지지 못했고, 특별히 하고 싶은 취미생활도 없었던 까닭이다. 날마다 무료하게 흘러가는 시간만 원망하고 있을 때 주민자치센터 강의를 듣게 됐다. 강사는 자기와 연배가 비슷했다. 그는 신명나게 강의하는 강사의 모습을 보고 스피치에 매력을 느꼈다.

그가 처음 찾아왔을 때 나는 적잖이 당황했다. 대부분 어떤 목적을 가지고 나를 찾아오거나 도움을 구하는 방식이었는데, 그는 막연히 사람들 앞에서 강의를 해보고 싶다는 의지뿐이었기 때문이다. 그의 메마르고 의욕을 상실한 목소리를 나는 지금도 기억한다. 내가 몰아쉰 한숨을 들키지 않으려고 애썼던 장면도 떠오른다. 한창 바쁠 때라 어떻게 거절해야 할지 몰라 펜으로 책상을 두드리기만 했다. 연륜을 무시할 수 없었는지 그는 내 의중을 눈치 채고 역시 안 되겠지 하며 자리에서 일어섰다. 나는 그의 모습에서 이 시대 아버지들의 모습을 봤다. 불현듯이 뭔가 대중에게 전달거리가 있을 거라는 생각이 들었다. 나는 아무런 망설임 없이 흔쾌히 수락했다.

"한 번 해 보시죠."

내 말을 듣고 난 그가 얼마나 환하게 웃던지 지금도 눈에 선하다. 나는 그에게 스피치의 선택 주제를 '오늘'에서 찾게 했다. 그가 느끼고 경험했던 사실을 생동감 있게 전달해주고, 비슷한 사정에 있거나 방법을 찾지 못하는 사람들에게 해결책을 제시해주는 주제로 전략을 세운 것이다.

나는 곧바로 퇴직 후, 할 수 있는 일에 대한 자료조사부터 시작하게 했다. 일과 취미, 봉사활동 등으로 구분지어 월급과 비용, 노동의 강도, 준비사항 등 평소 업무스타일대로 빈틈없이 데이터를 뽑게 했다. 그는 인터넷이나 책에 의존하지 않고 실제 현장에 가서 사람들을 만나 조사를 했다. 그야말로 어디에서도 구할 수 없는 생생한 자료였다. 이것으로 그가 할 수 있는 강연 준비는 끝났다. 이렇게 5주의 스피치 훈련을 마친 그는 주민센터, 복지관 같은 곳으로 강연을 다니고 있다. 그가 제시한 자료는 노년층에게 아주 유용하다고 한다. 무엇을 할까 막막해하던 차에 동년배의 강사가 제안하기 때문에 청중은 수긍하고 강연에 지지를 보내는 것이다. 그는 지금 자기 경험담을 바탕으로 책을 쓸 준비를 하고 있다.

대중 앞에 서야 하는 주제를 찾을 때 '오늘'이라는 지점에 충실하면 좋은 묘안이 나올 수 있다. 오늘은 당신의 현재 모습이고 고민거리다. 극복해야 할 과제이지만 현실을 직시하면 당신이 무엇을 말해야 하는지 보인다. 주제라고 해서 특별하거나 철학적 요소를 담아내야 하는 것은 아니다. 우리 삶을 반영한 당신만의 생각을 전달하면 된다. 가까운 사람들과 이야기할 때 '나하고는 생각이 다르네.'라고 느낀 적이 있는가. 그 지점이 바로 당신의 스피치 포인트다. 그것을 펼쳐내면 된다.

P씨의 경우처럼 주제를 정했다면 자료조사를 한다. 자료조사는 현장감을 느낄 수 있도록 관련 있는 다방면의 사람을 인터뷰하는 게 좋다. 질문하다 보면 강연에서 이용할 수 있는 아이디어가 떠오른다. 상대방에게 양해를 구한 다음 사진과 영상 자료도 확보하면 좋다. 최근의 현안과 사회 모습에 대해 알고 싶다면 신문을 이용하는 것도 한 방법이다. 인터넷 기사보다 신문을 활용하는 것은 정치, 경제, 사회, 문화면을 한 번에 볼 수 있기 때문이다. 실시간은 아니지만 정확성, 신속성, 객관성 면에서 우수하다고 믿는다. 정치면은 성향이 다른 두 가지 신문을 비교하며 보는 게 좋다. 편향된 사고는 청중에게 잘못된 인식을 심어줄 수 있으므로 조심해야 한다.

만약 오늘이 아닌 과거사를 주된 소재로 삼고 싶다면 현실과 이어지는 연결고리를 찾아야 한다. 현재에서 동떨어진 이야기는 청중과 공유할 수 없는 문제점이 있다. 특히 청중이 강연자와 연령층이 다르다면 더욱더 신경 써야 할 부분이다.

이미 주제를 정해서 자신의 이야기를 강연하더라도 오늘에 주목해라. 오늘을 사는 당신과 청중을 하나로 묶어주기 때문이다. 오늘을 살고 내일을 살아가며 미래를 지향해야 할 사람들이 어제나 과거에 집착할 이유가 없다. 스피치 강연을 듣는 이유도 보다 나은 미래를 준비하기 위해 오늘을 채우는 과정이다. 당신의 주제가 확고하다고 해서 지나간 소재로만 강연을 이어가면 안 된다. 그러다 보면 청중은 흥미를 잃고 실망하게 된다. 당신의 주제는 반드시 오늘을 섭렵하고 있어야 한다. 당신이 현재 머무르고 있는 위치를 확인하고 무엇을 이야기할지 고민해보자. 오늘의 화젯거리는 강연의 활력이고 당신의 주제다.

사람은 참 묘한 데가 있어서 뜻하지 않게 자신이 원하지도 않은 방향으로 눈을 돌리기도 한다. 서로에게 영향을 주고받는 군중심리 때문이다. 군중은 익명성을 기반으로 하며 특정 계기를 통해 집합행동을 일으킬 가능성이 있다. 집합행동이란 다수의 사람이 일으키는 예측할 수 없는 행동을 말한다. 대개 구성원들의 감정이 개입되면서 우발적으로 일어나고 사회규범에서 이탈한 행동이 대다수다. 사회문제로 인한 폭동이나 시위, 스포츠 경기에서 승리한 뒤의 즉흥적인 응원 등이 집합행동에 해당한다.

군중심리가 발생하는 가장 큰 이유는 다수를 따르는 편이 이익이 된다는 생각 때문이다. 많은 사람이 선택한 것에는 반드시 이유가 있으며, 다른 사람들이 그 선택으로 받는 이익을 나 역시 공유할 수 있다고 생각하는 것이다. 유행하는 상품이 빠른 속도로 매진되는 사례가 대표적이다. 나쁘게는 많은 사람들이 모였을 때 나타나는 독특한 정신 상태나 행동양식이다. 각 개인이 이성보다 감정에 영향을 받아 다른 사람의 선동적인 말에 자제력을 잃고 집단난동, 폭동, 파괴를 일으키기도 한다. 제2차 세계대전을 일으킨 히틀러가 강한 독일을 만들겠다고 했을 때 독일 국민들이 그를 총통으로 뽑아준 게 대표적인 케이스다. 그의 선동적인 언변에 속아 독일 국민들이 그를 믿고 지지한 것이다.

이런 군중심리는 스피치에서도 응용할 수 있다. 연단에 서게 되면 청중의 흐름을 빠르게 파악하고 그 심리를 이용하면 훌륭한 스피치의 결과를 얻을 수 있다. 사람들이 군중심리에 동요되는 까닭은 우리도 그중 한 사람이기 때문이다. 이 점을 직시하면 대중 앞에서 말하기가 한결 쉬워진다. 동질감을 부여하거나 역지사지로 생각해보면 그들의 바람을 알 수 있는 것이다.

대중은 자기 삶을 바꿀 허리케인이나 빅뱅을 불러올 만한 연설을 기대하지 않는다. 무엇인가를 꼭 전달하려고 조급하게 생각하지 말고 청중의 한 사람이 되어 생각해보자. 그들이 무엇에 가장 갈증을 느끼는지, 어디를 긁어줘야 하는지, 대중의 요구에 부응할 때 그들 앞에 선 당신은 환호를 받는다. 아이돌이 청소년의 인기를 한 몸에 받는 것은 그들이 잘생긴 데다 춤도 멋지게 추는 등 많은 이유도 있겠지만, 대중의 마음을 잘 대변해주기 때문이라고 생각한다.

대중 앞에서 스피치를 한다는 것은 청중의 아이돌이 되어야 한다. 그래야 대중심리가 동요되고 인지도를 향상시킬 수 있다. 잊지 말라. 당신도 대중이고 무리 중의 한 사람이다. 그들의 마음을 헤아리고 대중심리를 노려라. 멀리 볼 것도 없다. 바로 오늘이다. 지금 주변을 둘러보면 바로 소재가 있다. 그것은 당장 대중들과 공감할 수 있기 때문에 더 그렇다.

당신의 이야기에 하나만 바꿔라

에피소드로 강연 원고를 만들 때는 감정을 최대한 자제하고 이성으로 그 이야기에 접근해야 한다. 드라마나 영화 시나리오를 쓰는 것이라면 인물들의 캐릭터를 부각하고 감정을 드러내면 된다. 하지만 스피치를 할 때는 객관적으로 전달자 역할에 충실해야 한다. 이야기를 전달하는 당신이 먼저 감정에 휩쓸려 눈물짓거나 파안대소하는 일은 청중을 배려하지 않은 것이다. 감정의 표출은 당신의 이야기를 들은 청중의 몫이다.

우리가 전하는 에피소드의 역할은 망망대해에 떠있는 당신을 위한 구명조끼 같은 역할을 한다. 무대 위에 홀로 선 당신을 구하는 일을 담당하는데 청중에게 자신의 존재감을 드러낼 수 있는 쉬운 방법이기도 하다. 물론 무조건 에피소드에 의지하라는 말이 아니다. 상황과 장소에 따라 적절하게 활용하면 된다. 상황별, 분류별, 계층별, 연령별로 적당한 에피소드를 정리해 놓으면 할 이야기가 없어 전전긍긍하지 않아도 되고 대중 앞에 서는 긴장감도 덜 수 있다. 여러 곳의 강연에서 같은 말을 반복한다고 느낄 때 에피소드 하나만 바꿔도 전혀 새로운 모습으로 대중 앞에 섰다는 느낌을 줄 수 있다.

다음의 사례들은 사람들의 감동을 이끌고자 할 때, 용기를 주고 싶을 때 내가 자주 활용하는 소재들이다.

◆ 아름다운 날입니다, 그러나 저는 볼 수 없습니다

헬렌 켈러는 태어난 지 19개월이 되었을 때 심한 병에 걸려 죽을 고비를 넘기고 간신히 살아났다. 이 후유증으로 그녀는 시각과 청각을 잃고 말도 하지 못하게 됐다. 그렇게 암흑 속에 살던 그녀에게 한 줄기 빛이 들어왔다. 작가 마크 트웨인이 '미라클 워커'라고 부른 '앤 설리번' 선생을 만난 것이다. 설리번은 헬렌에게 수화 알파벳으로 사물의 이름을 가르치기 시작했다. 그녀가 쏟은 각고의 노력으로 헬렌을 미국의 명문대학 래드클리프를 졸업하게 만들었다. 이후 헬렌은 일생을 장애인을 위해 일하며 인권운동과 노동운동에도 참여했고, 그녀의 삶은 세계인들에게 귀감이 되었다.

평생을 암흑 속에서 살던 그녀의 소망은 "만일 내게 사흘만 볼 수 있는 능력이 생긴다면!"이었다. 이 소망은 당시 경제 공황에 시달리던 미국인들에게 힘을 주고 용기를 내게 했다.

어느 날, 헬렌은 숲속에 들어갔다 나온 친구에게 물었다.

"숲속에서 무엇을 보았니?"

"뭐, 별로 아무것도 없었어."

헬렌은 이해할 수 없었다. 아름다운 숲속에 들어가서 두 눈을 뜨고, 두 귀가 열려 있는데도 아무 느낌이 없이 돌아온 친구를 이해할 수 없었다. 헬렌은 비록 보지도, 듣지도, 말할 수도 없었지만 만약 자신이 사흘 동안 볼 수 있다면 어떤 것을 보고 느낄 것인지 미리 계획을 세워 봤다.

첫째 날에는 친절, 겸손, 우정으로 내 삶을 가치 있게 만들어준 설리번 선생님을 찾아간다. 선생님을 만나면 이제껏 손끝으로 만져서만 알던 얼굴을 그냥 몇 시간이고 물끄러미 바라보면서 그 모습을 내 마음속에 깊이 간직하겠다. 그리고 바람에 한들거리는 아름다운 나뭇잎들과 풀꽃들도 보고, 석양에 빛나는 아름다운 노을을 한없이 바라보겠다.

둘째 날에는 먼동이 트면서 밤이 낮으로 서서히 바뀌어가는 웅장한 기적을 볼 것이다. 그리고 서둘러 메트로폴리탄 박물관에 가서 하루 종일 인간이 진화해온 그 궤적을 직접 눈으로 확인해본다. 저녁에는 보석 같은 밤하늘의 별들을 찬찬히 바라보면서 하루를 조용히 마무리하겠다.

셋째 날에는 사람들이 열심히 일하며 살아가는 모습을 볼 것이다. 아침 일찍 일어나 큰길로 나가 출근하는 사람들의 얼굴 표정을 세세히 살펴보고 난 뒤에는 오페라하우스와 영화관에서 멋진 공연을 보고 싶다. 밤이 오면 네온사인이 반짝거리는 쇼윈도에 진열되어 있는 아름다운 물건들을 보면서 집으로 돌아오겠다. 그리고 나를 이 사흘 동안만이라도 보게 해주신 감사의 기도를 드리고 다시 영원한 암흑의 세계로 돌아가겠다.

헬렌의 이 글은 1933년 《애틀랜틱 먼스리》 1월호에 발표되었고 《리더스 다이제스트》는 이 글을 20세기 최고의 수필로 뽑았다.

나는 헬렌 켈러의 이야기를 대중에게 해주면서 자신에게 대입해 보라고 한다. "우리가 만약 사흘만 볼 수 있다면 무엇을 찾아보겠는가?"라고 질문을 던지면 청중은 자신이 잊고 있었던 혹은 무신경했던 것들이 얼마나 소중한지 알게 되는 시간을 갖게 된다. 앞만 보고 달린 자신을 느낄 수 있기 때문이다. 헬렌 켈러 같은 에피소드는 청중의 분위기를 숙연하게 만든다. 생각지도 못한 대답으로 웃음을 주는 이들도 있지만 대개는 우리가 발견하지 못했던, 자신이 갈구했던 삶의 방향을 제시하기도 한다. 이런 에피소드로 인해 강연의 무게감이 달라진다는 사실은 현장 반응으로 실감할 수 있다. 그러기에 다양한 에피소드를 저축하듯 모아야 한다.

다음 사례를 보면서 강연장 분위기를 연상시켜보면 좋겠다. 지인에게 직접 들은 에피소드이다.

◆ 빚에서 빛으로

K와 나는 초등학교 동창입니다. 솔직히 나는 그 친구가 별로 맘에 들지 않았지만, 그래도 우리들의 우정은 끊어질 듯 말듯 이어지고 있

었습니다. K는 별로 눈에 띄지도 않게 마치 그림자처럼 항상 내 옆에 있었지요. 그런데 하루는 K가 뜬금없이 천만 원을 빌려달라고 하는 것입니다. 나는 형편이 뻔했지만 어쩔 수없이 그 돈을 어렵사리 마련해 줄 수밖에 없었습니다. 그것은 순전히 긴 시간 이어온 그 망할 놈의 정 때문이었습니다.

그 뒤 K는 그림자처럼 사라졌습니다. 어디선가 잘 나간다는 소식이 아스라이 들려왔지만 나는 크게 신경 쓰지 않았습니다. 바쁘기도 했지만 또 한편으론 '언젠가는 불쑥 나타나겠지.'라는 믿음이 있었기 때문입니다. 하지만 K는 몇 년이 지나도록 나타나지 않았습니다. 차츰 괘씸하다는 생각이 들기 시작했지요. 그리고 내 형편이 좋지 않아서 빌려준 천만 원도 생각나고, 갑자기 그 돈이 아까워지기 시작했습니다. 그리고 무엇보다도 당장 천만 원이 꼭 필요했습니다.

나는 빚을 받겠다는 마음으로 K를 찾아갔습니다. 그런데 정말 아무렇지도 않게 바로 어제 헤어진 것처럼 맞이하는 K를 보자 빚에 대한 말은 저 목구멍 안 깊숙이 사라져버렸습니다. 나는 K가 직접 내려온 커피를 마시며 일상적인 대화를 나눴습니다. 그리고 그냥 돌아가려고 어정쩡 일어섰을 때 K가 봉투 하나를 내밀었습니다.

"실은 내가 널 찾아가려고 했는데 바쁘다는 핑계로 날마다 미루고 있었다. 그런데 이렇게 찾아와 줘서 정말 고맙다! 이건 내가 빌려 쓴 것에다 감사의 마음을 조금 얹었어. 친구야, 정말 고맙다!"

집에 돌아와 봉투를 열어보니 거기엔 내가 생각지도 못한 액수의 돈이 들어있었습니다. 나는 마치 빚이라는 암흑 속에서 환한 빛 속으로 나온 느낌이었습니다. 지금 내 현재의 상황이 바닥을 치닫고 있었기 때문에 그 돈은 정말로 내게 빛과 같은 존재였던 것입니다. 그렇게 나는 재기에 성공했습니다. 그때 내가 그 친구를 찾아가 빚 얘기를 할 수 없었던 것은 우리가 어쨌든 친구였기 때문입니다. 소중한 친구란 내가 그를 얼마만큼 존중하느냐에 따라 빛으로 존재한다는 것을 말씀드리고 싶어 이 말씀을 드립니다.

빚이 빛으로 돌아온 사례다. 세상을 어떤 눈으로 어떻게 보느냐에 따라 전혀 다른 스토리가 된다. 이야기는 아주 작고 사소한 것 하나만 바꿔도 맥락과 감동이 달라진다. 소재를 찾는가? 당신 삶에 깃든 수많은 스토리 중 하나만 바꿔보자.

어떤 상황에서도 빛을 발하는 기적의 스피치

우리가 먹는 밥으로 말의 힘을 실험한 사진을 본 적이 있다. 같은 크기의 유리컵에 같은 양의 밥을 담고 한쪽 컵에는 '고맙습니다' 다른 컵에는 '짜증나'라고 써 붙였다. 그리고 매일 '고맙습니다'가 붙은 컵에는 긍정의 말인 사랑해, 좋아해, 고마워 등을 해주었고 '짜증나'라고 쓰인 컵에는 너 싫어, 기분 나빠, 보기 싫어 등의 부정적인 말을 했다. 그 결과는 놀라웠다.

긍정적인 말을 해준 컵의 밥에는 하얗고 보송보송한 곰팡이가 생겨 누룩과 같은 상태가 되었고, 부정적인 말을 해준 컵의 밥은 검은 곰팡이가 피어 썩어버렸다. 생명이 없는 밥이었는데도 이런 변화가 일어났다는 건 우연일까? 이에 의심을 품은 사람들이 여러 식물로 실험을 했는데 결과는 마찬가지였다. 긍정의 말을 해준 양파에서는 싹이 올라왔지만 부정적 말을 해준 양파는 고스란히 말라버렸다. 귤에다 '사랑해'라고 써놓은 귤은 멀쩡한 반면 욕을 써놓은 귤은 까맣게 썩어버렸다.

이처럼 생명력 없는 사물도 변화시키는 말의 효능인데, 사람에게 적용될 때는 그 의미가 확대되고 기적을 불러올 수밖에 없다. "말 한마디로 천 냥 빚을 갚는다."라는 속담은 말의 가치보다 말이 전하는 감동의 영향력을 보여준다. 그것을 알면서도 우리는 말하기를 주저한다. 어색해서, 난처해서, 부끄러워서 등 핑계도 다양하고 입장 설명도 구구절절하다. 하지만 우리가 명심해야 할 것은 적절한 말은 기적을 불러오고 당신을 빛나게 한다는 것이다.

◆ 상대의 걷잡을 수 없는 화를 가라앉히는 말, "미안해!"

H씨는 얼마 전 잊지 못할 경험을 했다. 친구 셋이서 카페에서 커피를 마실 때 일어난 일이다. 그들은 고등학교 동창으로 학교 다닐 때부터 막역한 사이였는데, 대학 졸업 후에는 사회생활로 바빠지면서 가끔씩 만나고 있었다. 시간이 흘러서인지, 아니면 감정이 변해서인지, 어느 순간부터 서로 친한 것도, 그렇다고 친하지 않은 것도 아닌 그저 그런 어정쩡한 사이가 되고 말았다. 그런데 무슨 일이지는 몰라도 업무적인 일로 부딪히자 갑자기 한 친구가 일어나 삿대질을 하며 고함을 쳤다. 너무나 급작스럽게 일어난 일이라 H씨는 옆에 있었으면서도 당황스럽기 그지없었다.

H씨는 어찌할 바를 몰랐다. 그냥 일어서서 두 사람을 만류하지도 못하고 그렇다고 누구 편을 들지도 못했다. 그때였다.

"미안해! 내가 잘못 이해했어."

상대방의 이 한 마디에 그렇게 화를 내던 친구가 자리에 앉으며 조용히 말했다.

"아냐, 나도 말하는 법이 서툴렀어. 나도 미안해!"

두 사람은 아무 일 없었다는 듯이 다시 커피를 마시며 이야기를 이어갔다. H씨는 "미안해!"라는 말의 놀라움을 이렇게 몸소 경험했다. 이후로 "미안해!"라는 말의 신봉자가 된 것은 조금도 이상할 것이 없는 이야기였다.

◆ 겸손한 인격의 탑을 쌓는 말, "고마워!"

교회에서 자원봉사를 하는 D부인은 사람들의 신망을 한 몸에 받는다. 소탈하고 꾸밈없는 그녀는 언제나 웃는 얼굴이고, 무엇보다 어떠한 궂은일에도 마다하지 않고 앞장섰다. 그녀는 미소와 함께 "고맙습니다!"라든가 "감사합니다."라는 말을 수시로 했다.

실상 따지고 보면 그녀가 고맙다는 인사를 받을 위치에 있었는데, 그 말을 상대방에게 돌려주는 것이다. 이를 테면 이런 식이었다. 맛있는 음식을 만들어 어른들에게 대접하면 누구나 고맙고 감사하다며 인사를 건넨다. 그러면 그녀는 해맑게 웃으며 "맛있게 먹어줘서 고마워요. 제 마음을 더 기쁘게 해주셨으니까요!"라며 사람들의 마음을 편안하게 해준다. 날마다 수천 번의 "고마워!"라는 말로 인격의 탑을 쌓는 D부인은 마치 세상을 고맙게 만드는 엔지니어 같다.

◆ 상대의 어깨를 으쓱하게 하는 말, "잘했어!"

초등학교를 퇴직한 R교사는 많은 제자들로부터 사랑을 받고 있다. 지금도 스승의 날은 물론이고 명절, 심지어는 생일까지 챙기는 제자들이 많다. R교사의 비결은 무엇일까?

그는 어릴 때의 아픈 기억이 있다. 모두가 가난했던 초등학교 시절에 담임선생님은 아이들을 차별했다. 특히 몇몇 아이들은 심하게 편애했다. 그도 예쁜 여선생님의 마음에 들어보고 싶어 공부, 청소, 심부름 등을 열심히 했다. 하지만 끝까지 그 여선생님의 관심은 받을 수 없었다. 이유는 집이 너무나 가난했기 때문이었다.

게다가 그 여선생님으로부터 불이익까지 받게 되었다. 그의 성적이면 상을 받을 수 있었는데 부잣집 아이에게 상을 넘겨버린 것이다. 제법 똑똑했던 그는 여선생님께 항의했지만 아무 소용이 없었다. 그 일은 그에게 영원히 가시지 않을 마음의 상처로 남았다.

그는 초등학교 교사가 되었고, 자신처럼 불이익을 받는 학생이 없게 하겠다고 마음속으로 다짐했다. 그리고 아이들에게 "잘했어!"라는 말을 달고 살았다. 칭찬 거리를 찾기 위해 아이들의 좋은 점만 바라보자, 아이들에게는 잘하는 것, 좋은 점, 사랑스러움만 보였다. 이처럼 사랑으로 대하는 선생님을 제자들 역시 존경하고 따른 것은 당연한 결과였다. R교사는 퇴직 후에도 꾸준히 찾아오는 제자들에게 근황을 묻고 지금도 잘했다고 칭찬부터 한다고 했다. 누가 그런 선생님을 존경하고 사랑하지 않을 수 있겠는가!

◆ 더 나은 결과를 이끌어내는 말, "네 생각은 어때?"

Q씨는 작은 회사의 리더이다. 그의 회사는 크진 않지만 탄탄대로를 달리고 있고, 장차 미래를 내다봐도 발전가능성이 큰 회사로 사람들의 입에 오르내린다.

그에게는 그 나름만의 독특한 운영방침이 있었다. 그것은 그가 전에 다니던 직장에서 근무하며 깨달은 노하우였다. 그의 상사는 독불장군이었고, 직원들의 말을 들어주기는커녕 무시하기 일쑤였다. 이런 상사의 방침은 직원들을 힘들게 해서 직원들의 이직률이 높았다. 그런데 문제는 사장마저도 그 사정을 알지 못해 고쳐지지 않았다고 했다.

Q씨도 결국 견디지 못하고 직장을 그만두었는데, 다행히 운이 좋아 지금의 회사를 인수하게 된 것이다. 그는 사원들의 의견을 존중하고 그들을 받든다는 마음으로 회사를 운영했다. 회의에도 가능하면 많은 직원들을 참석시키고 분과회의가 있을 때도 시간을 내어 참석했다. 그리고 반드시 그들의 의견을 물었다.

"당신의 생각은 어떠십니까?"

의견이 나오지 않으면 훨씬 구체적으로 물어봐서 그들의 답을 들을 수 있도록 노력했다. 한 사람의 의견보다 여러 사람이 생각을 나누면 훨씬 좋은 안이 나온다는 걸 잘 알기 때문이다. Q씨의 사업은 날로 번창했다. 그는 수익이 나는 대로 계속해서 직원들의 복지를 늘려 나갔다. 지금도 그는 지위고하, 나이를 막론하고 항상 직원들의 의견을 존중한다. 그리고 묻는다. "네 생각은 어때?" 자신의 의견을 경청해주는 이런 사장에게 신뢰를 보내지 않을 직원은 없다.

◆ 든든한 위로의 말, "내가 뭐 도울 일 없어?"

A씨는 지방대학을 졸업하고 어렵사리 서울에 있는 회사에 취직했다. 사회 초년생인 그녀에게 낯설고 물 설은 서울생활은 쉽지 않았다. 그녀는 온힘을 다해 새로운 곳에 정착하려고 노력했다. 숫기 없는 그녀는 친구도 잘 사귀지 못하고 회사에서도 그저 시키는 일만 묵묵히 하는 워커홀릭 같은 존재였다. 아니, 주어진 일을 해내느라 정신없었다고 하는 표현이 더 맞았다.

그런데 갑자기 고향에서 아버지가 교통사고로 돌아가셨다는 청천벽력 같은 비보가 날아왔다. 그녀는 아버지께 효도 한 번 제대로 못하고 당한 일이라 너무 원통했다. 그녀는 허겁지겁 휴가를 내고 정신없이 내려왔다.

그녀가 장례식장에서 멍한 시간을 보내고 있을 즈음 서울의 회사 동료들이 문상을 왔다. 그동안 너무 어렵기만 했던 상사가 어깨를 다독이며 말했다.

"힘들지! 내가 뭐 도와줄 일 없어?"

그 말을 들은 그녀는 막막하기만 하던 세상에서 천군만마를 얻은 듯했다. 어딘가 내 편이 있고 나를 도와주려는 사람이 있다는 생각에 없던 힘까지 솟아났다. 당신도 주저 말고 이런 경험해보기를 권한다.

◆ 상대의 자신감을 치솟게 하는 말, "나이는 숫자에 불과해!"

퇴직을 앞둔 J씨는 갑자기 아내와 사별하게 되었다. 평소에 잔병치레 한 번 없이 건강하던 아내였다. 그런데 갑자기 찾아온 암은 변변히 이별할 시간도 주지 않고 아내를 데려가 버렸다. 그리고 순식간에 닥쳐온 퇴직까지 겹치자 그는 어찌할 바를 몰랐다.

충격으로 두문불출하고 있던 그를 아들이 억지로 끌어냈다. 아들이 데려간 곳은 '평생교육원'이었다. 안내 센터에 놓인 카탈로그에는 수많은 강좌가 있었다. 망설이던 그는 우선 스마트폰 강좌를 듣기로 했다. 그동안 스마트폰으로 겨우 전화 정도만 이용하고 있었기 때문에 그 속에 담긴 다양한 기능을 활용해보고 싶다는 단순한 호기심이 생겼다. 남들이 다하는 송금도 제내로 못 하니 불편하기도 했었다. 강사의 말을 못 알아들으면 어쩌지 하는 걱정이 앞선 그는 강의실에 들어가며 물었다.

"저처럼 나이가 많아도 되나요?"

강사는 호탕하게 웃으며 답해줬다.

"나이는 숫자에 불과해요!"

◆ 상대의 능력을 200% 이끌어내는 말, "이건 너 아니면 절대 할 수 없어!"

K와 S는 대학 동기다. 어릴 때부터 친구인 그들은 같이 공대를 지망하고 대학시절 내내 작은 아파트를 얻어 함께 살았다. 그러나 대학을 졸업한 그들에게 현실은 냉혹했다. 아무리 노력해도 취업의 벽은

높기만 했다. 그동안 쓴 이력서만도 손에 쥐가 날 정도로 많았다.

그러던 차에 재래시장을 살린다는 취지로 청년 창업자들에게 자금을 지원해준다는 정책이 발표됐다. K는 S에게 음식점을 해보자고 제안을 했다. S는 그동안 보아온 K의 요리 실력을 인정하고 있었기 때문에 사업에 동참하기로 했다.

그들은 간단한 파스타와 떡볶이 그리고 만두 종류 등을 파는 퓨전 음식점을 차렸다. 그런데 세상에 쉬운 일은 없었다. 잘한다는 K의 요리솜씨도 시장 아줌마들의 솜씨에 비해 돋보이지 않았고, 무엇보다도 메뉴 종류가 많아 손님들의 시간을 맞춰 요리를 해내질 못했다. 당연히 첫 달에는 그들이 열심히 했음에도 불구하고 엄청난 적자가 났고, 실망감은 말할 수 없이 컸다. 그런데 낙담에 빠진 K에게 S가 조용히 말했다.

"친구야, 이건 너 아니면 절대 할 수 없어. 우리 다시 한 번 용기를 내자!"

그들은 메뉴를 확 줄이고 오로지 파스타 종류만 하기로 했다. 두 사람은 파스타에 여러 가지 특징을 곁들여 자신들만의 파스타를 개발했다. 결과는 대성공이었다. 이제 시장에서 그들의 파스타 집은 맛집으로 소문이 나서 언제나 손님들로 북적인다고 한다.

그들의 승승장구는 곁에 있는 친구의 말 한 마디에서 시작되었다. 당신은 지금 곁에 있는 친구에게 무슨 말을 건네고 있는가? 당신이 건네는 긍정적인 한 마디 말이 곧 힘인 것이다.

◆ 충고보다 효과적인 말, "잘 되지 않을 때도 있어. 힘내!"

B씨가 직장을 그만두고 사업을 시작한 것은 3년 전이다. 그는 충분한 경험을 쌓고 사업에 돌입했기에 친구들도 가족들도 별반 걱정을 하지 않았다. 아닌 게 아니라 B씨는 승승가도를 달렸다. 그런데 여러 가지 규제와 시장 상황 등이 악화되면서 사업은 내리막길을 걷기 시작했다.

그의 부모와 가족들은 그런 것도 대비하지 못했냐며 책망하고 어쭙잖게 충고를 했다. 그런데 슬럼프에 빠진 B씨를 바라보던 친구는 어떤 말을 해줘야 할지 갈피를 잡지 못했다. 그의 절망이 너무 커서 어지간한 말로는 위로가 되지 않을 거 같았기 때문이다. 그렇게 한참을 고민하던 친구는 B씨를 힘차게 안아주며 말했다.

"친구야, 힘내! 잘 되지 않을 때도 있는 거야!"

진심어린 친구의 응원을 받은 B씨는 얼마 지나지 않아 재기에 성공했다. 때로는 아주 평범한 말에 해답이 숨어있을 수 있다.

◆ 상대의 지친 마음을 어루만져 주는 말, "그동안 고생 많았어. 나는 당신을 믿어."

P씨는 서울과 지방을 오가며 사는 주말부부다. 어느 날 지방에서 직장을 다니는 부인의 핸드폰이 급하게 울렸다. 남편이었다.

"어으으…!"

"당신 왜 그래?"

다급하게 외쳤지만 휴대폰에서는 더 이상 아무 소리도 들리지 않았다. 뭘 어찌해야 할지 망설이던 그녀는 곧장 남편이 사는 아파트 관리실로 전화해 119를 연락해달라고 부탁했다. 그리고 택시를 타고 가며 서울의 지인들에게도 전화를 돌렸다. 친구에게 상황을 상세하게 알려주며 응급조치를 부탁했다.

병원으로 옮겨진 남편은 의식이 없었다. 의사의 소견은 급성뇌출혈로 수술을 해야 하는데 큰 병원으로 옮겨야 한다고 했다. 기가 막혔지만 따질 겨를도 없어 가까운 대학병원으로 옮겨 수술에 들어갔다. 하지만 남편은 뇌혈관질환의 특성상 촌각을 다퉈 수술을 해야 하는데 안타깝게도 골든타임을 놓치고 말았다. 남편은 장장 8시간에 걸친 수술을 받았지만 깨어나지 못했다. 그녀는 휴직을 한 뒤 날마다 중환자실에 입원해 있는 남편을 방문하며 말했다.

"여보, 당신을 믿어요! 당신, 꼭 깨어날 거죠?"

그렇게 6개월이 흘렀다. 처음엔 희망적으로 말하던 의사도 더 이상 아무 말도 하지 않았다. 하지만 그녀는 포기하지 않았다.

"오늘은 봄비가 오네요. 우리 함께 걷던 길 생각나지요?"

그녀는 남편의 귓가에 대고 날마다 기도하듯 말했다.

"나, 당신을 믿어요! 날 실망시키지 않을 거죠?"

그러던 어느 날 남편은 기적적으로 깨어났다.

"난 당신을 믿었어요! 난 당신이 분명히 깨어나리라는 사실을 믿었어요!"

우리 모두 어려움에 처한 가족, 친구, 동료, 선배에게 할 수 있는 특별한 말을 찾고 있는 건 아닌지 생각해보자. 보다 극적으로, 아니면 감동을 주는 말로 그들을 위로하겠다고 고민하고 있는 건 아닌지 뒤돌아보자는 것이다. 하지만 지금부터는 그렇게 할 필요가 없다. 우리가 일상에서 쉽고 흔하게 하는 말이 가장 큰 힘을 가지고 있기 때문이다. 일반적으로 하는 말이라고 해서 무시하면 안 된다. 당장 오늘부터라도 상대방이 부담 없이 편하게 받아들일 수 있는 따뜻한 말들이 입에서 수시로 나오게 하면 된다. 그런 말들이 상대를 미소 짓게 하기 때문이다.

실전을 위한 연습 Tip

▶ 오늘의 느낌을 표현해보기

▶ 오늘의 명언을 휴대폰에 녹음하기

▶ 재미있는 유머를 찾아서 1개 이상 올리기

말은 어떻게 해야 하는가? 이는 아주 대답하기 어려운 질문이다.
왜냐하면 말하기라는 것은 영원히 배움이 끝나지 않는
과목이기 때문이다. 하지만 그래도 시작점은 분명 존재할 것이다.
그렇지 않은가?

하버드대학교 소통전문가 아담 제이콥스

4장

반전 스피치

유머가 너희를
자유롭게 하리라

유머는 공식이다

현대는 유머 있는 사람이 인기다. 과거에는 진지하고 점잖은 사람을 높이 샀지만, 요즘은 유쾌하고 발랄한 사람을 매력적인 사람으로 꼽는다. 유머 있는 사람은 함께 있는 사람들을 즐겁게 만들고, 어느 자리에서든 환영받는다. 유머 한 마디로 딱딱하고 무거웠던 분위기를 바꾸고 단번에 자신에 대한 호감도를 높인다.

TV를 봐도 유머감각이 있는 연예인은 그렇지 않은 연예인보다 인지도가 높아서 여러 프로그램에 자주 나온다. 빡빡하고 치열한 생활에 지친 사람들이 웃음을 찾아 TV를 켠다. 그들을 충족시키기 위해 대중을 웃길 수 있는 연예인을 찾아 등장시키는 것이다. 유머의 힘은 생각보다 크다. 가볍게 스트레스를 날리기도 하고 힘겨운 시름을 잠깐 내려놓게도 한다. 때론 기분이나 감정을 긍정적인 방향으로 전환시키기도 한다.

과학적으로 입증된 바에 의하면 웃음은 15개의 안면 근육과 몸에 있는 230개의 근육을 동시에 움직이는 자연적인 운동이다. 1시간 동안 코미디 프로그램을 보며 웃은 사람의 혈액에는 세균에 저항하는 백혈구가 증가하고, 몸속에는 스트레스를 유발하는 호르몬이 줄어든다고 한다. 이렇게 몸에 좋은 웃음을 유발시키는 유머의 힘이 크기 때문에 유머 있는 사람이 환영받는 것이다.

"유머는 감춰지거나 억압된 스트레스와 원망을 일시적으로 해소시킴으로써 쾌감을 주고 동시에 공포감을 완화시켜 준다. 또한 곤란한 일이나 대인 접촉 따위를 부드럽게 연결시켜 주는 요소다."

유머의 장점에 대해 프로이드가 한 말이다. 유머는 개인의 정신건강에 이롭기도 하지만 사람과 사람 사이에서 윤활유 같은 역할을 한다. 그래서 사람들이 유머를 좋아하고 만남의 자리에서 유머를 구사하려고 하는지도 모르겠다. 하지만 유머가 생각처럼 빵빵 터지지 않는다는 걸 우리 모두 한두 번쯤 경험해보았다. 웃기려 들수록 썰렁해지는 분위기에 적잖이 당황스러웠던 기억도 떠오를 것이다. "다른 사람이 하면 웃긴데 왜 내가 하면 안 웃길까?"라고 고민스럽기만 하다.

별것 아닌 이야기도 정말 맛깔나고 재미있게 말하는 친구가 있다. 가만히 듣고 있으면 웃음이 빵빵 터지고, 이야기 속으로 빨려 들어가는 것 같은 기분이 든다. 남다른 '유머감각'을 타고난 것 같아 부러울 뿐이다.

그런데 장담하지만 유머감각은 타고나는 게 아니다. 배우고 흉내내며 학습해야 잘할 수 있다. 유명 개그맨들을 보면 선천적인 감각을 가지고 아주 쉽게 유머를 구사하는 것처럼 보인다. 특별히 웃기려고 하는 액션이 아닌데도 그 자체로 웃음이 된다. 또한 상대의 말을 받아치는 말만으로도 청중이나 시청자는 웃음보가 터진다. 유머를 어렵게 생각하는 당신은 그저 부러울 뿐이지만 연습현장에 직접 가서 보면 개그맨들도 부단히 유머를 학습하고 또 학습한다.

나는 SBS공채 개그맨으로 방송을 시작했다. 그래서 직접 개그맨들의 일거수일투족을 지켜보며 머리를 맞대고 함께 생활했다. 그들은 대중에게 통하는 유머를 하기 위해 매우 진지하게 아이디어를 짜내고, 설정을 바꿔가면서 어떻게 하면 더 웃긴지를 수없이 연구에 연구를 거듭했다. 그들은 또한 평소에도 방송프로그램을 놓치지 않고 시청하고 신문, 잡지 인터넷 사이트 등의 매체를 꼭 챙겨본다. 다양하고 풍부한 개그 소재를 찾기 위해서다. 영어를 잘하기 위해 단어를 외우는 것처럼 유머를 잘하기 위해서 끊임없이 노력하고 공부하는 것이다.

이런 유머에도 정해진 공식이 있다. 피타고라스의 수학공식처럼 대입하면 만들어지는 유머도 있고, 상황의 반전으로 만들어지는 유머, 예기치 않은 상황을 치고 들어가는 유머 등 깊이 생각하면 비슷하지만 언뜻 들으면 색다른 웃음을 줄 수 있는 유머의 법칙이 존재한다. 그래서 유머를 처음 배우는 사람은 유머의 개념부터 확립하고 시작하면 좋다. 단순히 상대를 웃기면 되는 것 아니냐며 우스꽝스런 표정이나 행동으로 유머의 달인이 되겠다고 무작정 덤비면 안 된다. 그렇게 하면 아마도 주위 사람들을 남극 한가운데 데려다놓은 것처럼 분위기가 썰렁하게 되고 말 것이다.

대부분의 사람들은 유머를 시작하려고 하는 순간 몸과 마음, 생각까지 경직된다고 한다. 안 웃으면 어떡하지, 괜히 분위기 썰렁하게 만드는 건 아닌지 걱정이 앞선 까닭이다. 그로 인해 유머를 던져야 할 시점을 놓치고 생뚱맞은 소리처럼 되거나, 자신이 먼저 웃음을 터트리며 유머의 김을 빼버리기도 한다. 유머의 특성상 의도적으로 하는 유머는 재미가 없다.

"던져라, 터질 것이요."

이 말은 내가 스피치 강의 4주차에 가장 많이 하는 말이다. 투수가 유명한 코치에게 레슨을 받고 야구에 관한 이론서를 통달한다고 해서 단번에 완벽한 피칭을 할 수 있는 것은 아니다. 문제는 연습량에 달려 있다. 밤낮으로 손에서 공을 놓지 않고 이리저리 굴려가며 잡아본다. 공을 쥔 손목을 까딱거리며 잘 던질 수 있는 피칭의 감각을 손에 익혀야 한다. 그러기 위해서 수만 번 이상의 투구 연습을 해야만 한다.

유머도 마찬가지다. 한 번 배운다고 해서 능수능란해지지 않는다. 기회가 있을 때마다 주저하지 말고 계속해서 유머를 던져야 상대를 웃길 수 있는 승률을 올릴 수 있다.

솔직하게 말하면 개그맨 출신인 나도 유머의 승률은 30% 안팎이다. 그 정도 승률을 가지고 개그맨이라고 할 수 있느냐고 물을 수 있다. 물론 나 스스로도 사람들의 기대치에 훨씬 못 미친다고 생각한다. 내가 하는 말마다 사람들이 박장대소하며 크게 웃어주었으면 좋겠다. 그것이 너무 큰 바람이라면 적어도 찡그리거나 비웃음을 날리지 않았으면 싶다. 하지만 생각해보자. 프로야구 선수들의 타율이 3할 넘는 타자가 몇이나 되는지.

변명하자면 프로이기 때문에 생기는 애환이라고 말하겠다. 일단 대중 앞에 내가 개그맨이라고 소개되는 순간 사람들은 웃음의 기대치를 높인다. 그래서 잘 던져도 평균이다. 모두들 웃을 준비를 하고 나만 쳐다본다. 차라리 개그맨이라는 타이틀이 없었으면 편하겠다는 생각도 한다. 상황이 부담스러운 게 사실이지만 나는 유머를 던지는 것에 소홀하거나 두려워하지 않는다. 던지고 또 던져야 내 입에 착착 달라붙는 유머가 나오기 때문이다. 유머를 던지는 상황에 따라서 응용력도 생겨나고 실력이 좋아지는 것을 느낄 수 있다.

"외우면 터진다."

마구잡이로 던지기가 두렵다면 재치 있는 유머 외우기를 권하고 싶다. 선후배 개그맨들의 얘기를 들어보면 모두 재미있는 유머 하나씩을 갖고 있다. 갑자기 행사에 초대받거나 사회 볼 일이 있을 때를 대비해서 비상용으로 한두 가지는 비밀무기처럼 지니고 있다는 것이다. 그런데 잘 들어보면 어디선가 들은 듯한 유머이다. 인터넷에 떠도는 것이기도 하고 아주 흔해 빠진 우스갯소리이기도 하다. 그러나 알고 들어도 웃음이 터지는 것은 어쩔 수 없다. 왜냐하면 익히 알고 있고 시시한데도 불구하고 가미된 양념이 다르기 때문이다.

같은 유머도 하는 사람에 따라 전혀 다른 뉘앙스를 풍긴다. 그렇기 때문에 유머에 자신이 없다면 재치 있는 유머를 외워서 사용하는 것도 방법이 될 수 있다.

여기에 어디서 많이 들은 듯한 유머 몇 가지를 소개할까 한다. 먼저, 속담이나 명언을 비틀어 사용하는 유머인데 누구나 잘 알고 있는 문구를 현대에 맞게 바꾸거나 고정화된 관념을 뒤집어봄으로써 웃음을 유발한다.

• 낮말은 새가 듣고 밤말은 쥐가 듣는다.

→ 낮말은 도청장치가 듣고 밤말은 CCTV가 듣는다.

• 사공이 많으면 배가 산으로 간다.

→ 사공이 많으면 배가 빨리 간다.

• 고생 끝에 낙이 온다.

→ 고생 끝에 골병든다.

• 늦었다고 생각할 때가 가장 이른 때다.

→ 늦었다고 생각할 때가 가장 늦은 거다.

• 성공은 1%의 재능과 99%의 노력이 필요하다.

→ 성공은 1%의 재능과 99%의 빽이 필요하다.

• 피할 수 없으면 즐겨라.

→ 즐길 수 없다면 피하라.

• 오늘 할 일을 내일로 미루지 말라.

→ 내일 할 수 있는 일은 오늘 하지 말라.

두 번째로 대중과 호응하며 구사할 수 있는 유머다. 이것은 오프닝 때 사용하면 효과적이다. 청중의 관심을 하나로 모을 수 있고 참여를 유도함으로써 시선을 끌 수 있는 유머다. 청중이 웃고 생각할 시간을 주는 것이 좋다. 그리고 말할 수 있는 기회를 주는 것도 좋다.

예를 들어, 저는 세계 여섯 개 나라의 말을 할 수 있습니다(여기서부터 청중의 반응이 뜨겁다.). 못 믿으시는 분들을 위해 이 자리에서 한 번 해보겠습니다. "잘 모르겠습니다."를 해볼게요.

영 어 : I don't know.

중국어 : 갸우뚱!

일본어 : 아리까리.

불 어 : 아리송~

독일어 : 애매모흐.

우간다 : 깅가밍가!

재미있다고 생각되는 것부터 순서를 바꿔 해도 된다. 각 언어마다 청중에게 물어도 좋고 마지막에 "우간다 말은 뭘까요?"라고 질문해서 여러 대답을 들어도 좋다. 여기에 덧붙여 세 개 국어를 한꺼번에 붙여서 할 수도 있다고 큰소리 친 다음, "핸들 이빠이 꺾어!"라고 한다. 물론 이에 맞는 리액션이 따라주면 훨씬 효과적이다.

하나의 예를 더 들어보자.

• 비빔밥 두 배로 먹는 방법

1. 비빔밥을 시킨다.

2. 너무 맵다며 밥을 더 달라고 한다.

3. 좀 싱겁다며 고추장을 좀 더 달라고 한다.

4. 나물이 모자라다며 (나물)을 더 달라고 한다.

위의 경우 4번에서 대중의 호응을 유도하는데, '나물'이라고 답한 사람에게 맞장구를 쳐주든지 "많이 해봤군요."라는 식의 농담을 건넨다면 웃음 터지는 포인트를 잘 알고 있는 것이다. 이런 유머가 또 하나 있다. 응용은 당신의 몫이므로 유머만 소개하고 해설은 달지 않겠다.

• 백설공주

백: 백설탕이 말했다.

설: 설렁탕이 말했다.

공: 공기밥이 말했다.

주: 주방장이 기절했다.

'비빔밥 두 배로 먹는 법'이나 '백설공주' 유머 같은 경우 비슷한 소재를 놓고 응용해보면 의외로 재치 있는 유머가 탄생한다. 그것이 자신만의 색깔을 가진 유머가 되고 대중에게 빠르게 어필하는 방법이다.

분명한 것은 유머는 쉽지 않다는 것이다. 그렇지만 누구나 할 수 있고, 빨리 잘할 수 있는 지름길은 던지고 외우는 것이다. 자꾸 하다 보면 승률이 올라간다. 유머의 공식을 배우고 익히는데 당할 자 누구란 말인가.

트렌드를 읽어라

트렌드는 "시대의 추세, 조류, 유행을 의미한다. 패션, 마케팅, 경제 동향 분석 등 여러 분야에서 널리 사용된다."라는 설명이 위키백과에 나와 있다. 현시대를 이해하고 미래의 흐름을 예측하기 위해 트렌드를 분석해놓은 책도 해마다 출간되고 있다. 시대에 뒤처지는 것 아닌가 하는 불안감에 사람들은 트렌드를 읽으려고 한다. 각 분야의 사업마다 영향을 끼치는 트렌드의 향방을 예의주시하고 분석하고 있는 것이다.

소비자의 욕구에 맞춰 인터넷 포털사이트는 세계 곳곳의 트렌드를 가감 없이 전한다. 뉴스나 기사, 개인 블로그로 전해지던 것들이 이제는 유튜브나 페이스북 라이브를 통해서 영상으로도 볼 수 있게 됐다. 요즘 열풍을 일으키고 있는 방탄소년단도 유튜브를 통해 음원을 발표해 대중에게 알리고 빌보드차트 1위에 두 번이나 오르는 기염을 토했다. 일 년 안에 빌보드차트에 두 번 오른 그룹은 영국의 원디렉션 이후 12년 만에 처음이라고 포브스가 전했다. 더구나 팬들 또한 한국을 비롯한 미국, 영국, 브라질, 대만 등 전 세계에 고르게 분포되어 있다. 이는 방탄소년단 개인 멤버의 활동이든, 기획사의 마케팅이든 트렌드에 적중했다는 말이 된다. 물론 유튜브나 1인 라이브 방송도 요즘의 트렌드다. 결국 트렌드를 선도해야 시장을 주도할 수 있는 것이다. 하지만 이게 말처럼 쉬운 일은 아니다. 그만큼 창의적 발상과 타고난 감각에 영업적 수완이 더해져야 한다. 그렇지만 트렌드를 좇아 편승하기는 무에서 유를 창조해내는 것보다는 어렵지 않다.

이와 마찬가지로 유머에도 트렌드가 있다. 시대를 거슬러 올라가면 조선의 서민문화가 발달된 시기부터 대중적인 유머가 형성되었다. 물론 그전에도 유머가 있었겠지만 안타깝게도 알려진 것들은 없고 전래동화에 나오는 과장된 표현들이 그 전부이다. '호랑이 담배 피던 시절'로 시작되는 옛이야기는 그 자체로도 웃기지 않은가. 도깨비가 나와 똥벼락을 선물하는 것이라든지, 부치면 부칠수록 커지는 부채 등등 곳곳에 웃음 코드가 숨겨져 있다. 권선징악을 주제로 전달하고 있지만 웃음을 바탕으로 깔고 있는 것이다.

조선시대 유머를 살펴보면 진짜 하고 싶은 말이 따로 있는 풍자와 해학의 유머다. 풍자는 '사회의 부정적인 현상이나 사람의 모순된 모습을 다른 것에 빗대어 조롱하는 표현 방식'을 뜻하고, 해학은 '익살스러운 말이나 행동'을 의미한다.

풍자와 해학은 고전문학에서 많이 발견할 수 있다. 박지원의 '양반전'에서 보면 양반은 더워도 버선을 벗으면 안 되고, 비가 내려도 뛰면 안 되며, 방귀가 나와도 참아야 한다는 등 체면과 격식만을 중요하게 여기는 것으로 묘사해서 웃음을 주고 있다. 관리가 되면 기생과 어울려 놀기를 즐기며 백성의 소를 끌어다 자기 땅을 갈기도 하는 것을 보고, 박지원은 양반으로서 의무는 다하지 않으면서 허세만 부리는 양반의 태도를 '도둑과 같다'며 비꼬아 표현했다. '양반전'처럼 양반의 허례허식을 비판한 '배비장전', 남성 중심의 유교문화를 비꼰 '장끼전' 등도 대표적인 풍자문학이다.

1980년대 풍자개그하면 '유머 1번지'의 '회장님, 회장님 우리 회장님'을 꼽을 수 있다. 개그의 흐름을 바꿨다고 평가되는 그 프로그램은 고인이 된 김형곤 선배가 대단한 용기를 가지고 시퍼런 정치 서슬에 맞섰던 것으로 기억된다. 대학 때부터 사회 문제에 관심이 많았던 그는 "개그가 단순히 웃기는 것으로 끝내서는 안 된다. 시대를 담아야 한다."라는 철학으로 개그에 임했다. 모든 게 억압되던 냉혹한 시대에 재벌 회장님을 빙자해 정치권을 신랄하게 풍자했던 것이다. 이때 나온 "잘 돼야 될 텐데.", "잘 될 턱이 있나.", "회장님의 영원한 종입니다, 딸랑딸랑."과 같은 유머는 시청자들에게 시대를 대변했고 통쾌함을 주었다. 그리고 또 한 사람 김병조 선배의 정치풍자개그도 선풍적인 인기를 끌었다. "지구를 떠나거라.", "나가 놀아라."와 같은 유행어는 그 시대를 산 사람들의 기억 속에는 지금까지도 살아있다. 80년대 후반 청춘행진곡 풍자메들리까지 이어지는 걸 보면 그 시대에는 풍자 방식의 유머가 트렌드였다고 할 수 있다.

1990~2000년대까지는 임하룡, 조금산, 이경규, 심형래, 최양락 등의 개그맨들이 전성기를 구가하며 유행어를 만들었다. "이 나이에 내가 하리.", "반갑구만, 반가워.", "자연스럽게.", "영구 없다.", "나는 봉이야."와 같은 말들은 세대를 초월해 사람들 입에 자주 인용되는 유행어이자 웃음 포인트였다. 그러나 이런 유행어는 시간이 흐르면서 서서히 잊히고, 불과 몇 년밖에 흐르지 않았지만 그런 말을 사용하면 시대에 뒤처지는 썰렁한 말이 되고 만다. 당시에는 크게 웃었지만 이제는 피식 웃으며 그런 유머가 있었지 정도로 생각하는 것이다. 아니면 그게 언제 적 유머냐는 핀잔을 듣기 십상이다.

지금은 언어의 변화도 시공간을 초월하고 있다. 인터넷 유행어, 청소년 사이에서 유행하는 줄임말 등은 세대 차이를 실감하게 한다. 그런 말들은 자기들끼리는 알기 때문에 웃지만 모르는 사람은 뜻을 몰라 어안이 벙벙할 수밖에 없다. 매번 무슨 뜻이냐고 묻기도 창피해서 그저 따라 웃어보지만, 그 웃음이 억지스러운 것은 사실이다. 반면에 이상한 표정을 짓거나 엉뚱한 몸동작으로 웃음을 선사하려 해서도 안 된다. 그것들은 억지웃음을 불러온다. 앞에서는 웃지만 뒤돌아서 인상을 찌푸릴 것이다. 시대에 역행하는 웃음이다.

유머를 잘하려면 유머 트렌드를 읽고 공감대를 형성해야 한다. 무조건적으로 신세대 유머만 구사하라는 말이 아니라, 변화하는 시대를 대변하고 있는 유머의 감각을 키우라는 말이다. 당신이 과거에 배를 잡고 웃었던 유머에 웃어줄 사람은 없다. 그런 유머를 했을 때 돌아오는 냉소적인 반응에 당황하게 된다. '어, 이상하다 예전에는 다들 웃었는데.'라며 고개를 갸우뚱해봤자 대중은 당신이 시대에 뒤떨어졌다고 단정한다. 미래를 선도하고 비전을 제시해주는 강연자를 찾는 시대에 과거의 유머 코드에 발목이 잡혀 있으면 안 되는 이유이다.

그렇다면 어떻게 유머감각을 키워야 할까. 무조건 최신 유행어를 검색하고 따라 하면 되는가. 그건 아니다. 유머는 관찰력에 상상력이 더해져서 완성되는 것이다. 사람들이 어느 지점에서 웃는지, 어떤 방식으로 유머를 구사해야 빵 터트리는지, 오감 중 어디에 조금 더 편중돼 있는지를 알면 된다. 그러기 위해서는 유행어에 민감해야 하고 그걸 따라해봐야 한다. 이 글을 집필할 때 가장 뜨는 유행어는 '배달의 민족'이었다. 웹 배달업체인 그들은 사업을 알리기 위해 유머 코드를 선택했고 대중의 뇌리에 그것을 분명하게 인식시켰다. 사람들의 인기를 끌자 '배달의 민족 문예상'까지 제정해 신박한 아이디어를 찾고 있었다. 지금까지 입상했던 작품 중에 대표적인 것을 소개해본다.

- 치킨은 살 안 쪄요._(살은 내가 쪄요.)
- 박수칠 때 떠나라._(회)
- 아직 한 발 남았다._(체중계)

형식상 일본의 전통 정형시 하이쿠와 비슷한 느낌까지 드는 유머다. 간결하면서도 짧은 문구 안에 자신이 발견한 소소한 재미를 담았다. 생활 속에서 느꼈던 혹은 익히 알고 있는 부분을 언급함으로써 공감대를 끌고 웃음을 주고 있다. 지하철이나 버스에 붙은 이 광고문구는 청중의 세대나 성별에 관계없이 인용할 수 있다는 장점까지 있다.

이와 비슷한 느낌으로 시를 쓰는 작가가 있다. 스스로 '시팔이' 또는 '시자이너'라고 소개하는 하상욱 시인이다. 그는 시를 쓴 이유에 대해 "글을 읽으시는 분이 이 시를 보고 자기 생활이나 생각을 다시 떠올리면 좋겠다."라고 말했다. 그만큼 대중에게 이입하고 싶다는 뜻으로 읽힌다. 분명한 것은 하상욱의 시에는 개그 코드가 숨어있다는 것이다.

너
죽고

나
잘자
-하상욱 단편시집 '모기' 중에서

남
먹는 걸

왜

신경 써

-하상욱 단편시집 '여자 나이' 중에서

하상욱 시인의 의도대로 이 시는 독자가 공감하기 아주 쉽다. 배달의 민족이나 하상욱 시인의 시는 모두 대중과의 공감에서 웃음을 끌어내고 있다. 기존의 과장된 표현이나 풍자와 해학이 담긴 개그와는 전혀 다른 방식이다. 이것이 요즘 개그의 트렌드인 것이다.

유머 트렌드를 읽었다면 어떻게 전달할 때 가장 재미있는지 연구해야 한다. 같은 유머이지만 하는 사람에 따라 그 맛이 다르다. 말투도 굉장히 중요하다. 개그라고 해서 무조건 웃으며 하려고 해서도 안 되고, 그렇다고 무미건조하게 전달하면 개그의 효용성이 떨어진다. 분위기에 맞는 리드와 억양, 악센트가 필요하다. 물론 한 번 듣고 감각적으로 유머의 전달력이 살아 꿈틀대면 좋겠지만, 생각처럼 그렇게 되지 않는다. 연습만이 길이다. 한 번 시도했는데 대중이 웃지 않았다면 같은 유머를 다른 방식으로 전달해보는 연습도 필요하다. 무엇이든 시행착오 끝에 자신만의 노하우가 생기는 것이다.

대중은 잘 웃고 남을 잘 웃기는 사람을 좋아한다. 유머의 트렌드를 알고 유머의 달인이 되어보자. 스트레스를 받는 상황에서도 좌절하거나 불안해지지 않는다. 위기를 극복할 수 있는 능력을 유머로 탑재하게 되면 대중 앞에 섰을 때 자신감이 붙는다. 자기 말에 웃음을 보여주는 것만큼 응원받는 확실한 반응은 없다.

청중과 분위기를 파악하고 적절한 유머를 사용하면 눈앞의 부정적인 상황에서도 전체를 통찰할 수 있는 새로운 시각이 생긴다. 의외의 해결책을 찾아내 능력도 인정받을 수 있다. 흐르는 강물처럼 부드럽지만 전체를 지배할 수 있는 힘을 가지게 될 것이다. 유머로 인해 삶이 풍요로워지는 것은 덤이다.

위기를 기회로 만드는 반전

반전이란 어떤 일이 현재 상태로부터 그 반대 상태로 급격히 변화하는 것을 말한다. 아리스토텔레스의 《시학》에서 '운명의 급전'이란 뜻으로 사용된 용어이다. 사건을 예상 밖의 방향으로 급전시킴으로써 독자에게 강한 충격과 함께 주제를 효과적으로 전달하는 방법이다. 아리스토텔레스는 무지의 상태에서 깨달음의 상태에 이르게 하는 '발견discovery'의 탁월한 방법으로 반전을 꼽았다. 인물의 운명이 행복의 상태로 진행하는 것처럼 보이다가 갑자기 불행 쪽으로 방향을 바꾸거나, 불행을 향하여 진행하는 것처럼 보이다가 갑자기 행복 쪽으로 완전히 역전되는 구성 방식을 통해 주제가 효과적으로 전달될 수 있다고 했다.

반전을 효과적으로 사용하는 분야가 영화다. 보통의 영화는 90분에서 120분까지 극이 전개된다. 자칫 지루해지기 쉬운 스토리에 여러 장치를 사용해서 관객의 눈과 귀를 사로잡는다. 그것이 달달한 러브스토리나 액션일 수도 있고, 혹은 모험과 판타지일 수도 있다. 범인을 쫓는 추리물은 관객을 사건에 동참시키는 효과가 뛰어나다. 이런 모든 영화에는 반전이 도사리고 있다. 관객이 예기치 않은 방향에서 반전을 꾀할수록 영화의 호평은 쏟아진다. 문화를 공유하며 살아가는 사람들은 대개 비슷한 사고를 가지고 있다. 관객이 영화를 보는 내내 스토리를 읽고 나름의 전개를 펼치지만 감독은 작전상 유인했던 그들의 뒤통수를 치는 것이다. 그런데 아이러니하게도 뒤통수를 세게 맞은 관객일수록 더 큰 희열을 느낀다. 반면에 반전을 관객이 먼저 눈치 챈다든지 반전의 묘미가 시시할 경우에는 영화의 흥행은 보장되지 않는다. 그만큼 감독이 심혈을 기울이는 것이 반전이고 거기에 영화의 성패가 달려 있다고 해도 과언이 아니다.

광고에서도 반전은 효과적으로 쓰인다. 직접적으로 제품을 강조하고 부각시키는 것보다 광고의 이미지와는 전혀 다른 상황이 전개되다가 마지막 장면에 임팩트를 싣는 것으로 광고의 효과를 극대화시키는 것이다. 대개 끝에는 웃음을 유발하는 게 포인트로 쓰이고 핵심 메시지에 대한 강한 전달이 있다. 기억에 남는 몇 편의 광고들은 시간이 지나도 오래도록 기억에 남는다. 예를 들어 음산한 지하 주차장에서 추격을 받는 범인과 쫓는 경찰의 긴박한 상황이 펼쳐지고, 효과음까지 마치 영화를 방불케 한다. 숨 막히는 상황에서 경찰이 가쁜

숨을 몰아쉬는 찰나, 자동차 한 대가 주차장으로 들어오고 멋진 여성이 차에서 내린다. 범인이 여성에게 접근하는 것을 보고 경찰도 범인에게 총을 겨눈다. 그러나 범인이 총을 겨누고 있는 것은 아우디자동차. 경찰이 이러지도 저러지도 못하는 사이 범인은 공범자 차량을 타고 떠난다. 경찰이 총을 쏘지 못한 이유는 아우디자동차를 보호해야 했기 때문이다. 황당하고 웃음나지만 아우디자동차를 타는 사람들의 자존심을 한껏 세워준 광고라고 할 수 있다. 물론 보는 사람의 입장에 따라 물질만능의 자본주의 색이 너무 강하게 담긴 광고라고 할 수 있다. 하지만 광고주와 차주의 입장에서는 흡족하지 않았을까 싶다.

반전이 유머 영역으로 들어오면 효용가치는 더욱 극에 달한다. 재치 있는 유머는 재미있고, 긴장감 있는 유머는 짜릿하고, 심오한 유머는 깨달음을 준다. 그러나 반전유머는 상대를 사로잡는다. 반전유머는 듣는 이에게 짜릿한 쾌감을 느끼게 하는 묘미가 있다. 실제로 개그맨들이나 행사를 진행하는 사회자들은 반전유머를 적극 활용하고 있다.

고등학교에 새로운 선생님이 부임했다. 교장선생님은 학생들에게 새 선생님을 소개시키기 위해 단상에 올랐다. 머리가 큰 학생들은 교장선생님이나 새 선생님에게 전혀 관심이 없었다. 곰곰이 생각하던 교장선생님이 입을 뗐다.

"새로 오신 선생님은 왼쪽 팔이 하나밖에 없습니다."

소란스럽던 강당이 일시에 조용해졌다. 학생들은 눈이 휘둥그레진 채 왼팔만 있는 선생을 찾아 두리번거렸다. 교장선생님은 애석한 표정으로 아이들을 쭉 훑어봤다. 그러더니 이내 목소리를 가다듬으며 다음 말을 이었다.

"물론, 오른 팔도 하나밖에 없습니다."

교장선생님은 반전유머의 효력으로 상황까지 반전시킨 것이다. 우리의 학창시절을 떠올려보자. 이런 경우 보통은 선생들의 엄포가 쏟아지거나, 험상궂은 인상으로 학생들에게 심리적 위협을 가한다. "야, 이 녀석들아!"라고 호통 치며 들어 먹히지 않는 잔소리를 쏟아낸다. 그렇다고 해서 학생들이 선생님의 말에 귀를 기울이는 것은 절대 아니다. 선생님의 말에 집중하는 시기는 대개 초등학교 1,2학년쯤에 마감했으니 그들에게 이 방법이 먹힐 리 없지 않은가. 교장선생님의 현명한 선택에 박수를 보내게 된다. 이런 센스 있는 교장선생님과 학교생활을 하는 학생들은 행복할 것 같다.

나도 강연할 때 자주 사용하는 반전유머가 있다. 앞에서 말한 교장선생님처럼 청중이 많을 때, 다수의 대중 앞에서 주위를 환기시키고 오롯이 나에게 집중하게 만드는 방법이다. 당연히 효과가 좋아 자주 애용하고 있다. 물론 여러 방법의 시행착오 끝에 찾아낸 가장 효과적으로 청중의 시선을 잡는 노하우다. 바로 원태연 시인의 시를 인용하는 것이다.

손끝으로 원을 그려봐

네가 그릴 수 있는 한 크게
그걸 뺀 만큼 너를 사랑해

지금 사랑에 빠진 사람이 읽는다면 굉장히 감성적인 글이겠지만, 이미 결혼해 아이까지 있는 내게는 덤덤하게 읽히는 시였다. 그런데 나는 이 시를 적극적으로 패러디해서 널리 전파하고 있다. 강연을 시작하기 전에 인사를 하고 바로 시작한다.

"제가 좋아하는 시 한 편을 들려 드리겠습니다."

잠시 숨을 고르고 낮은 목소리로 원래의 원태연 시인의 시를 읊는다. 최대한 여운을 주며 끝낸 뒤 깍듯하게 인사를 한다. 박수가 터져 나오고 나는 감사 인사를 한다. 그 뒤 나의 멘트가 이어진다.

"자, 여러분 손가락을 하나 펴세요. 그리고 자기가 그릴 수 있는 만큼 원을 그리세요."

청중은 열심히 자기가 그릴 수 있는 원을 한껏 그린다. 나는 그 모습을 흡족하게 보며 추임새를 넣는다.

"크게! 더 크게!"

그러면 소심하게 작게 그렸던 사람도 다시 크게 그리기 시작한다. 그리기가 끝나면 나는 기다렸다는 듯이 외친다.

"그건."

모두 기대감으로 나를 쳐다본다. 원을 크게 그린 사람일수록 자부심 가득 찬 눈으로 나를 바라본다. 나는 여기서 주먹을 쥐고 소리친다.

"그건, 여러분의 얼굴 크기입니다."

이렇게 되면 웃음소리가 강연장을 메운다. 강연의 시작을 유쾌하게 열 수 있는 나만의 비법 중 하나다.

반전은 속았다는 느낌보다 흥미와 재미를 준다. 일상에 지친 사람들에게 정신적 갈증을 해소시켜주는 것은 유머가 담당한다. 웃을 준비가 안 되었거나, 평소 웃을 일이 없는 사람들, 코미디 프로그램도 무뚝뚝한 표정으로 보는 사람들도 웃게 하는 것이 반전유머다. 어떤이는 강연은 품위와 격조가 있어야 한다며 유머를 철저히 배제한다. 그런 강연의 지루함은 불 보듯 뻔하다. 청중을 지루함으로부터 구해낼 수 있는 구명정이 바로 유머라는 것을 다시 한 번 강조한다.

반전유머를 구사하려면 몇 가지 규칙을 알아야 통용된다. 첫째, 반전을 위해 전제조건이 앞에 있어야 한다는 것이다. 앞에서 예를 들은 교장선생님의 경우 선생님은 "왼팔이 하나밖에 없다."라는 전제를 깔았다. 반전을 예상치 못한 학생들은 보통의 '두 팔'이 아니라는 생각에 모두 휘둥그레진 것이다. 반전을 주기 위해 아주 잘 깔린 전제조건이라 할 수 있다. 나의 경우 원태연 시인의 시를 읊어주는 게 전제조건이다. 사람들은 뒤를 생각지 않고 당장 내가 하라는 대로 움직인다. 그만큼 대중 앞에 선 사람이 진지해야 하는 것이 맞다. 전제를 깔 때 주의해야 할 점은 절대 반전이 읽히도록 해서는 안 된다는 것이다. 이럴 경우 김빠진 콜라를 마시는 것과 같아서 톡 쏘는 "캬!"라는 소리가 나오는 매력을 느낄 수 없게 된다.

둘째, 반전은 맨 뒤에 일어나야 한다. 반전이 일어난 뒤에도 유머가 계속된다면 터졌던 웃음이 빛을 잃는다. 한 번 웃었으니 계속 웃어주겠지 하고 비슷한 것을 계속 끌고 간다면 야유가 터진다. 이건 내 경험에 의해 나온 결과다. 언젠가 동그라미를 그리고 "그건 네 얼굴이야!"라고 했을 때 청중의 반응은 매우 폭발적이었다. 20대 여성들이어서 그랬는지 모르겠지만 그 큰 웃음에 나도 모르게 흥분했다. 나는 한 번 더 동그라미를 그리라고 하며 "그건, 네 남친 얼굴이야!"라고 말했다. 결과는 여러분이 미리 짐작했으리라 본다. 요즘 말로 갑분싸(갑자기 분위기 싸해지는 것)였다. 그 분위기를 수습하기 위해 횡설수설했던 기억이 지금 떠올려도 오싹하니 소름이 돋는다. 반전은 임팩트 있게 마지막 딱 한 번이면 족하다.

셋째, 전제조건과 반전이 필연적으로 엮여 있어야 한다. 반전이라고 해서 얼토당토않은 것을 끌어들이면 안 된다. 유머라는 것이 우스갯소리이기 때문에 개연성이나 논리가 없어도 된다고 생각하면 안 된다는 것이다. 유머일수록 앞뒤가 찰떡궁합으로 딱 맞아 떨어질 때 웃음이 된다. 교장선생님이 유머의 전제로 '왼팔'을 들었는데 반전으로 "가방도 하나입니다."라고 한다면 웃음이 아니라 비웃음이 터질 것이다. 만약 반전을 주기 위해 스무고개 퀴즈처럼 진행되는 유머라면 마지막까지 흥미를 놓치지 않도록 답을 미리 조금씩 보여주는 것이 좋다. 노골적으로 보여주기보다는 실수인 것처럼 할 때 청중은 더욱 유머에 몰입한다.

반전이 없는 유머는 무미건조한 맛을 내는 음식과 같다. 대중 앞에 섰을 때 즐겁고 유쾌한 맛을 선사하는 상차림을 위해 반전유머를 준비해보자.

적을 만들지 않는 유머

공격적인 말로 상대를 웃겨보겠다고 착각하는 사람이 있다. 외모나 상대의 단점을 잡아 웃음의 소재로 삼는 것이다. 상대를 배려하거나 존중하지 않고 웃음에만 포인트를 두고 '재미'로 포장해 남을 비하하거나 조롱한다. 상대가 반발하면 "어때? 농담이야. 넌, 웃자고 한 말에 죽자고 달려드냐?"라며 무안을 주기도 한다. 조크도 이해 못하는 속 좁은 인간을 만들어버린다.

이런 내용은 공인된 개그프로그램에서도 자주 나와 눈살을 찌푸리게 만든다. 지극히 개인의 일이나 사건, 상처를 드러내 희화시킨다. 특히 뚱뚱한 여자 개그맨의 외모는 너무 쉽게 언급되며 비하 수위도 높다. 아무리 시청자들의 재미를 위해 기획되었다고 하지만 같은 문제를 가진 사람들을 공공연하게 사회의 웃음거리로 만드는 것이다. 또한 상대가 받을 심적 고통을 외면하는 것으로 결코 진짜 웃음이라고 할 수 없다. 상대방을 깔아뭉개고 비하하면서 웃음을 유발하는 것은 저질 개그다. 어떤 신문 칼럼에서 이것을 문제 삼아 쓴 글을 읽은 적이 있다. 이렇게 대중이 불편함을 느끼는데도 그들의 소재가 변하지 않는 이유가 궁금하다. 또한 이미 사회에 만연돼버린 것 같아 우려된다.

다음은 우연히 본 만화로 그려진 유머다. 조심스럽게 여러분과 이런 유머에 대해 의견을 나누고 싶다. 이 만화를 보고 문제의식을 갖는다면 당신은 격조 있는 유머가 무엇인지 아는 사람이다.

◆ **월요병이 가득한 한 주의 시작**

부장 모두들 주말 잘 지냈지?

직원들 네, 잘 보냈습니다.

부장 어잉? 이 과장 머리가 왜 그래? 오다 번개 맞았어?

이 과장 제가 토요일에 파마를 해서요.

부장 깜짝 놀랐잖아. 웬 아줌마 한 분이 앉아있기에 보험 설명하러 온 줄 알았지.

직원들 깔깔깔

부장 이 과장, 왜 이렇게 사람이 이기적이야? 보는 사람도 생각해 줘야지.

이 과장 그렇게 이상한가요?

부장 보고 있으니까 시력 떨어지는 것 같잖아. 이 얼굴 안 본 눈 사요. 100만원.

직원들 까르르.

만화 속에서는 표정과 동작의 묘사까지 들어있어 만화를 그린 목적이 웃음을 주기 위해서라는 사실을 알 수 있다. 하지만 웃음을 유발하는 데 있어 사용된 이야깃거리가 이 과장을 모욕 주는 방법을 통해서였다는 사실이 불쾌하다. 또한 직급상 부장에게 반발할 수 없다는 점은 상대의 약점을 노린 것으로 이해된다. 한 가지 더해 파마를 한 보험설계사 아줌마를 언급한 것은 사회적 편견까지 들어있는 것으로 해석된다. 그렇다면 직원들은 어떤가. 이 과장의 외모를 트집잡아 웃음거리로 만드는 것에 대한 문제의식이 전혀 없다. 이런 식의 비하하고 모욕을 주는 유머에 둔감해진 이유는 아닐까. 이 만화 자체를 나쁘게 보려는 것은 아니다. 우리가 은연중에 가지고 있는 웃음의 코드가 잘못 장착되었고 그것이 일반화되었다는 점을 꼬집고 싶을 뿐이다.

대중 앞에서 웃음을 전달하는 것은 위대한 일이다. 윌리엄 프라이는 "웃음은 공포와 염려를 막아주고 몸의 치유 능력을 활성화시키는 힘이 있다."라고 했다. 또한 러셀은 "웃음은 가장 값싸고 가장 효과있는 만병통치약이다."라고 했으며, 셰익스피어는 "그대의 마음을 웃음과 기쁨으로 감싸라. 그러면 인체에 해로움을 막아주고 생명을 연장시켜줄 것이다."라고 했다. 그만큼 웃음은 우리를 건강하게 해준다는 뜻이다. 조제약보다 효능이 좋고 부작용도 없다. 유머를 구사해 남에게 웃음을 주는 것이 성스러울 수밖에 없는 이유다.

적이 아닌 내 편을 만드는 유머를 구사하기 위해서는 친화력이 중요하다. 내 유머를 듣는 사람에게 일방적으로 내가 들려줄 테니 웃으라는 식의 접근보다 우리 함께 웃어보자, 즐겨보자는 친근한 이미지로 다가선다면 상대를 자극하는 위험수위의 유머를 벗어날 수 있다. 친밀감이 형성된 상태에서 상대를 비하하거나 모욕을 주는 유머를 구사한다면 그것은 자신이 정상이 아님을 만천하에 드러내는 것과 같기 때문이다.

반면에 자신을 긍정적으로 낮추고 드러내면 모두에게 쉽게 다가가는 기회가 되기도 한다. 개그맨 김제동이 그것을 수준 있게 잘 구사한다. 자신의 단점을 가지고 희화하지만 대중은 그것이 그의 강점이고 그의 매력 포인트라고 받아들인다. 그가 자주 사용하는 유머이다.

◆ 김제동이 자주 사용하는 유머

- 저는 눈이 작아서 좋습니다. 지금까지 한 번도 아폴로 눈병에 안 걸려봤어요.
- 저는 눈이 작아서 사람을 볼 때 눈으로 보는 것이 아니라 마음으로 봅니다.
- 세상을 앞서가려고 열심히 살았더니, 엉뚱하게도 이마의 주름이 앞서갔습니다. 아마도 하나님께서 세상을 주름잡고 살라고 주름을 주신 것 같습니다.

- 제가 올해 25살입니다. 하하하. 20살은 무거워서 집에 두고 다닙니다.

자신의 약점을 가감 없이 드러낸 상황들이다. 그의 개그를 듣고 있으면 웃기는 형, 재미있는 동생을 만난 느낌이다. 유명 방송인이고 정치에 관한 사회적 발언도 서슴지 않기 때문에 거리감이 있을 거라는 선입견과 편견을 유머 한 방으로 날려버리고 불쑥 다가선다. "나는 부족한 사람이고 당신보다 부족한 사람입니다."라고 고백하니 대중은 호의적으로 그를 받아들인다.

"하루 종일 먹지 마십시오. 배고파 죽습니다. 그 반대로 하루 종일 엄청 많이 먹어보십시오. 배 터져서 죽습니다. 복권을 사서 당첨번호를 맞춰보지 마십시오. 궁금해 죽습니다. 그래도 아직 살아 계시다고요? 그건 아직 당신에게 할 일이 남아있기 때문입니다."

이처럼 그의 유머는 단순히 웃기는 데 그치지 않는다. 듣는 이로 하여금 위로와 힘을 얻게 하는 진정한 힘이 있다. 유머의 차원이 다르다고 밖에 얘기할 수 없다. 그가 발휘하는 개그 본능과 능력은 타고난 유머감각이라고 단정하기에는 한계가 있다. 선천적으로 타고난 본질만으로 그가 있다면 우리는 좌절할 것이다. 하지만 그는 독서 등을 통해 끊임없는 자기 계발을 하고 사회현상을 꿰뚫어보는 눈을 기른다. 정치색이 짙어 여러 오해를 받고 난처한 상황에 처하기도 하지만, 오히려 그는 남다른 웃음의 소재로 유머를 구사한다. 우리가 그의 유머를 고품격 유머라고 인정하는 까닭들이다.

누구나 김제동의 유머 방식을 할 수 있는 것도, 따라한다고 잘할 수 있는 것은 아니다. 내가 만약 김제동과 같은 유머를 구사한다면 어중간한 유머가 되고 말 것이다. 성향과 관심 분야가 다를 뿐만 아니라, 가장 중요한 것은 나를 원하는 대중과 김제동을 원하는 대중이 다르기 때문이다. 개인마다 잘할 수 있는 유머가 있다. 같은 개그맨이라도 스탠딩 개그, 몸 개그, 말장난, 패러디 등 각각 다양한 시도를 한다. 개인적 장기가 분명히 있지만 꼭 거기에 국한하지 않는다. 그중 어떤 게 가장 '웃기다'라고 말하는 것도 사람들의 취향에 따라 다르기 때문에 구분할 수 없다. 개그맨들은 직업으로 선택했기 때문에 더 많은 고민을 하는 것이다. 하지만 대중은 그중 내 몸에 가장 잘 맞는 유머를 선택하고 거기에 집중하면 된다. 나는 개인적으로 대중에게 물으면 즉답이 나오는 가벼운 개그를 선호한다.

◆ 언어의 유희로 구사할 수 있는 유머

- 대통령 선거의 반대말은?_(대통령 앉은 거)
- 엄마가 길을 잃으면?_(맘마미아)
- 세 사람만 탈 수 있는 차는?_(인삼차)

강연장보다 행사의 사회를 진행할 때 많이 사용하는 것들이다. 대중이 답을 생각하는 사이 장내가 조용해지고 시선을 집중시킬 수 있는 효율성을 가지고 있기 때문이다. 어찌 보면 가장 평범한 유머를 근사한 도구로 만들어 사용할 줄 아는 것이다. 요즘은 잘 쓰지 않는 도구, 즉 옛날 유머라 할지라도 잘 정리해놓고 가끔은 연마시켜놓는다. 물론 새로 개발된 도구도 빛나게 쓰일 수 있도록 날마다 갈고 닦는다. 상황과 환경에 따라 사용할 수 있는 도구가 다르듯 유머 또한 시공간을 초월해 발휘된다. 그 가치는 대중의 반응에 달려 있는 것 같다.

유머의 품격을 살리는 것은 대중 앞에 서는 당신의 몫이다. 적을 만드는 유머는 가장 잔인한 도구라는 것도 명심하자. 양반의 허례허식을 풍자하며 힘없는 백성의 애환을 들려주고 눈물을 닦아주던 탈춤과 마당극이나, 서양의 왕정을 비판하던 광대들은 유머의 품격을 드높였다. 그들의 신분은 비록 천하지만 추구하는 세계와 정신은 멋졌다는 것을 유머를 통해 보여주었다. 유머의 품격을 지킨다고 해서 지루하거나 엄숙하고 경직되라는 게 아니다. 듣는 이의 입장과 상황을 고려하고 배려해주는 유머를 사용함으로써 질을 높이고 웃음의 격을 달리하라는 것이다. 그것만이 유머의 휘발을 막고 즐거움을 더해준다. 또한 상대와 대중에게 저지르기 쉬운 무례를 막아주는 보호막이 된다. 당신은 그 안에서 적이 아닌 팬을 맞을 수 있다.

누구나 유머 있는 사람과 일하고 싶다

유머가 없는 세상을 색깔로 표현한다면 잿빛 같을 것이다. 어딘지 모르게 칙칙하고 기운 떨어지는 음울함도 있다. 미하엘 엔데의 소설 《모모》 속 회색도시와 회색신사의 이미지와 맞아떨어진다. 차가운 콘크리트 건물, 시간에 쫓기는 분주함, 쌓인 업무와 스트레스를 모아 응집한 분위기가 아닐까 한다.

웃음은 현대인의 잿빛 틈 사이에 핀 한 송이 꽃이다. 웃음꽃은 색깔과 크기에 상관없이 야생화처럼 가녀릴 수도 있고, 튼튼한 나뭇가지에 핀 꽃처럼 화려하고 멋질 수도 있다. 하지만 그 자체만으로도 삶의 분위기를 반전시킬 수 있고 삶의 질을 풍요롭게 할 수 있다. 삼성경제연구소SERI에서 CEO들을 대상으로 실시한 조사 결과를 보면 "유머러스한 사람을 채용할 것인가?"라는 질문에 51%가 '그렇다', 26.5%가 '매우 그렇다'라고 대답했다고 한다. 인재 채용 조건에서 '유머'가 아주 중요한 자리를 차지하고 있는 셈이다. 직원들 생각 역시 마찬가지다. 세계 1위 헤드헌팅 그룹인 미국의 로버트헤드인터내셔널이 실시한 설문조사에 따르면 응답자의 97%가 유머감각이 뛰어난 상사를 좋아한다고 대답했다. 유머도 하나의 능력이 된 시대다. 이외에도 많은 성인남녀들이 이상형의 조건으로 '유머감각이 풍부한 사람'을 꼽고 있다. 같이 있으면 즐겁고 유쾌한 사람을 선호하는 것이다. 그래서 유머감각이 시각, 청각, 촉각, 후각, 미각에 이어 제6의 감각이라고 불린다고 하니 시대가 많이 변하기는 한 것 같다.

사회에서 성공하는 사람들을 조사해보면 공통점이 있다. 그들은 사람 사이의 신뢰를 중시하고 언제나 인간관계에 최선을 다해 신망을 쌓았다. 그리고 그들이 사랑하는 것이 있었는데, 바로 유머였다. 그들은 유쾌하고 유머러스한 첫 만남을 매우 중시했으며, 이것이 그들을 성공의 길로 이끌었던 것이다. 비록 부정적인 첫인상을 가졌다 해도 한 번의 만남을 통해 상대편에게 유머를 느끼게 해줄 수 있는 사람이라면 그 어떤 상대도 그를 저버리지 않는다.

내가 알고 있는 사람들 중 유머감각이 남달랐던 사람은 안타깝게 고인이 된 노회찬 의원이다. 노 의원의 단순하면서도 시원한 풍자와 해학이 깃든 일갈에 누구라도 그의 말에 매료되지 않을 수 없었다. 그의 말 한 마디에 분위기가 바뀌고 저절로 입가에 미소가 떠올랐다. 부당한 대우를 받으면서도 불의에 항거하는 시대정신은 바로 그의 건강한 품성에서 나왔을 것이다. 또한 그것을 유머로 승화시킬 수 있었던 것은 그가 시대를 통찰하고 상황을 냉철하게 판단하는 직관과 사고를 가졌기 때문이다. 짧은 한 마디로 사람을 크게 감동시켰던 노 의원의 몇 가지 발언을 되새겨보자.

◆ 사람을 감동시킨 노회찬의 촌철살인 한 마디

- 돈을 훔친 도둑을 잡아놓으니까 "돈을 잃어버린 사람에게 그 돈 어디서 났느냐?"라고 묻는 거나 같지 않습니까?
- 청소할 때 청소해야지 청소하는데 먼지에 대한 보복이다 그렇게 얘기하면 말이 안 되죠.
- 모기들이 반대한다고 에프킬라 안 삽니까?
- 50년 동안 같은 판에서 계속 삼겹살 구워 먹으면 새까매집니다. 판을 갈 때가 왔습니다.
- 잘못을 해놓고 석고대죄는 못 할망정 대나무 회초리로 맞을까, 박달나무 몽둥이로 맞을까, 나는 이것으로 맞겠다, 그렇게 이야기해서 되겠습니까?
- 불이 나면 "불이야!"라고 소리를 질러야지, 불인지 아닌지 어떻게 해서 불이 났는지, 누가 방화범인지 다 조사한 뒤에 불이야 이렇게 얘기합니까? 그게 아니지 않습니까?

이외에도 수많은 비유와 상징이 깃든 유머어록이 있는데, 아마도 정의에 대한 신념에서 비롯되어 나온 게 아닐까 생각된다. 자신의 철학을 내세우지 않고 대중이 한 번에 알아들을 수 있도록 감각적이고 센스 있게 유머감각을 발휘한 것이다. 그렇다고 해서 어느 누구도 그를 웃기는 사람, 우스운 사람으로 절대 보지 않는다. 오히려 용기 있는 이 시대의 바른 정치인으로 인정했다.

그런데 이런 유머감각은 타고 나는 것은 아니므로 공부와 연습이 필요하다. "유머까지 공부해야 해?"라고 머리 아파할 필요는 없다. 당신의 기억력과 관찰력, 적극성만 있으면 해결되는 간단한 학습이다. 우리는 대부분 웃기는 말을 들으면 박장대소하지만, 그 자리를 뜨면 금방 잊어버리고 만다. 그래서 어떤 자리에서 그 유머를 써 먹고 싶은데 생각나지 않아 아쉬움에 입맛만 다신 경험이 누구나 있을 것이다. 하지만 유머를 들었을 때 휴대폰 등에 녹음이나 메모를 해놓으면 꼭 필요한 자리에서 유머를 구사할 수 있다.

우리는 일상생활에서 숱한 스토리를 만들며 살아간다. 관찰력은 주위를 세심하게 보는 것으로 길러진다. 당연한 것일수록 의문을 가져보자. 관찰의 힘을 기르기 위해서는 일상 속에서 일어나는 일들에 대해 '당연하다'고 여기는 사고방식을 바꾸어야 한다. 우리는 대개 일정한 패턴대로 살아간다. 매일 같은 시간에 일어나 어제와 같은 준비를 하고 ,매일 같은 차를 타고 같은 경로를 거쳐 일터로 나간다. 점심시간에도 자주 가는 집에서 자주 먹는 음식을 먹고, 일이 끝나면 갈 때와 동일한 과정을 거쳐 다시 집으로 돌아온다. 특수한 일을 하거나 특별한 일이 있지 않는 한 예외적인 경우는 거의 없다.

이렇게 같은 일이 계속 반복되다 보면 행동이 고착화된다. 그러면 아무 의심 없이 '당연한 것으로' 받아들인다. 그리고 자기도 모르게 그것으로부터 벗어나려고 하지 않는다. 그렇게 되면 생각이 멈추게 된다. 이러한 생활에 젖어들면 새로운 것을 볼 수 있는 기회가 줄어 든다. 익숙함에서 벗어나야만 새롭고 즐거운 것을 만날 수 있다.

이제, 기억력과 관찰력으로 길러진 유머를 사용해야 할 때다. 안에 감추고 있어야 할 보석이 있고 남에게 드러내고 선보여야 빛나는 보석이 있다. 유머는 후자이다. 아주 간단한 유머부터 또 누구나 알고 있는 유머부터 자주 말하다 보면 어느 새 자신의 입에서 능수능란한 유머가 저절로 나온다. 대중이 웃어주는 웃음의 코드를 발견할 수 있게 되는 것이다. 그렇게 자신의 유머 노하우가 쌓이게 된다.

우리가 연습 삼아 해볼 것은 요즘 인기를 끌고 있는 아재개그다. 처음에는 '핵노잼'인 줄 알았지만 들을수록 빠져드는 유머다. 바로 단순한 말장난 유머다. 과거에는 주변 분위기를 차갑게 만든다고 해서 '썰렁개그'라고 불렀다. 이 개그를 들으면 인상을 찌푸리거나 황당하다는 반응이 대부분이었다. 하지만 최근에는 '썰렁개그'가 '아재개그'로 탈바꿈하면서 트렌드의 중심으로 올라섰다. 젊은 세대들도 아재개그에 긍정적으로 반응하고 있다.

아재개그의 핵심은 '언어유희'다. 동음이의어나 비슷한 발음을 활용한 말놀이다. 아재개그를 살펴보면 실소를 자아내면서도 기발한 아이디어가 돋보인다. 딸기가 직장을 잃는 것은 딸기시럽(실업), 왕이 궁에 가기 싫을 때 하는 말은 궁시렁궁시렁 등이 그 예다. 최근에는 많은 직장인들이 아재개그를 공부하는 현상까지 생겨나고 있다고 한다. 아재개그도 타이밍에 맞춰 잘 구사하면 유머감각 있는 사람처럼 보일 수 있다.

◆ **포털 사이트에 올라온 아재개그 10선**

1. 전주비빔밥의 반대말은?_(이번 주 비빔밥)
2. 소나무가 삐치면?_(칫솔)
3. 스님이 버스에서 내리면?_(중도하차)
4. 세상에서 가장 지루한 중학교는?_(로딩중)
5. 설날에 용돈을 하나도 못 받으면?_(설거지)
6. 세상에서 가장 잔인한 비빔밥은?_(산채비빔밥)
7. 차를 발로 차면?_(카놀라유)
8. 신발이 화가 나면?_(신발끈)
9. 세상에서 가장 뜨거운 바다는?_(열받아)
10. 한 시간 동안 비가 오는 것은?_(추적 60분)

같은 이야기를 해도 건조하고 정말 재미없게 표현하는 사람들도 많다. 대개 잘 웃을 줄 모르는 사람일 경우에 그렇다. 말이 많으면 실수를 불러오는 것이라 여기고 아예 "침묵은 금이다."라는 속담을 자신의 신조로 삼는 사람도 있다. 나이가 들고 직급이 올라갈수록 점잖고 격식 있는 말투에 길들여진 사람들이다. 웃음이 자신의 체면을 깎아먹는 일이라고 생각하기 때문에 웃음을 서비스할 줄 모르는 것이다. 그로 인해 사람들과 거리감만 생기게 된다.

우리가 알아야 할 것은 유머는 특정한 사람만 하는 게 아니고, 누구나 할 수 있다는 것이다. 습관이 되지 않아서 서툰 사람이 있을 수 있지만 못하는 사람은 없다.

소문만복래笑門萬福來라는 말처럼 웃으면 복이 온다고 했다. 웃으며 건강하고 즐겁게 살라는 속뜻이 있다. 일소일소일로일로一笑一少一怒一老라는 말처럼 한 번 웃으면 한 번 젊어지고, 한 번 화내면 한 번 늙는 것이다. 우리에게는 많은 복을 받고 싶고 젊게 살고 싶은 기본적인 욕구가 있다. 그 비결이 웃음이라는 말을 고사성어가 보여주고 있는 것이다.

우리를 긍정적으로 변화시키는 유쾌한 방법은 유머를 생활화하는 것이다. 생각만으로도 즐거운 유머는 다른 사람과 나눌 수 있다는 장점이 있다. 웃음은 전염성이 있어서 주위의 사람들까지 행복하게 해준다. 마르지 않는 샘물처럼 쓰면 쓸수록 샘솟고 나누어도 줄어들지 않는다. 상대는 당신을 유쾌한 사람으로 기억한다. 당신을 생각하는 것만으로도 흐뭇해질 수 있다.

06

타이밍을 맞추면 탁월해진다

살다 보면 놀라울 정도로 절묘한 타이밍이 있다. 포털 사이트에서 '절묘한 타이밍'으로 검색해보면, 순간을 포착한 사진들이 올라와 있다. 0.5초전, 뛰어보니 악어 입, 물 위에 공중부양 등과 같은 위기일발 상황의 사진들이다. 이런 사진을 보면 우려도 있지만, 신기한 것은 저렇게 찍기 어려운 찰나를 어떻게 잡아냈냐는 것이다.

우리가 살아가는 일상에서도 타이밍이 기막히게 맞아떨어질 때가 있다. 위험을 모면한 순간, 위기를 벗어나는 순간, 간신히 위험천만한 상황에 빠지지 않는 순간 등 타이밍에 얽힌 이야기 또한 숱하게 많다.

그런데 타이밍을 맞추지 못하면 온갖 노력에도 불구하고 낭패를 보게 된다. 상사의 기분이 좋지 않을 때 결재를 받으러 갔다가 날벼락을 맞고 나오는 직장인도 있고, 아내의 심기가 불편할 때 말 한 마디 잘못해서 부부싸움을 크게 하기도 한다. "전략은 타이밍의 기술이다."라든가 "비즈니스는 타이밍이다."라는 말이 있다. 어떤 목적을 가지고 어떻게 일을 수행하는지도 중요하지만 타이밍이 맞지 않으면 효과가 나지 않게 된다는 것이다. 성공하는 사람과 실패하는 사람은 타이밍을 읽을 줄 아는 사람과 타이밍을 읽지 못하는 사람으로 표현할 수도 있다. 같은 노력을 해도 타이밍이 결과를 결정하기 때문이다.

유머도 타이밍이 매우 중요하다. 재치 있는 언변도 적절한 타이밍이 아니면 빛을 발하지 못한다. 오히려 분위기를 타지 못한다는 질타가 돌아오기도 한다. 상황에 따라 맞춘 것처럼 유머를 해야지 그렇지 않으면 실없는 사람으로 오해받을 수 있다. 유머는 적재적소에서 그 타이밍에 맞춰야 한다.

그리고 타이밍을 읽는 기술이 필요하다. 첫째는 대중의 변화에 민감해야 한다. 초고속으로 변화하는 청중의 심리를 적극적으로 수용하고 변화의 방향과 풍속을 알아야 적절한 타이밍을 찾아낼 수 있다. 예를 들어 1시간 넘게 강연하다 보면 처음 분위기를 그대로 유지하기 어렵다. 강연자나 청중 모두 강약이나 고저의 리듬을 타야 하는데 강연 주제에 따라 어려움이 있다. 시간이 흐를수록 청중들은 하품을 하거나 꾸벅꾸벅 졸기도 하고 휴대폰을 들여다본다. 참으로 난감한 순간이다. 이때 강연자는 분위기 전환을 위한 간단한 조크를 날려야 한다.

◆ **분위기 전환에 좋은 유머 ①**

- 인디언 중에 가장 높은 사람은?_(추장)
- 추장 보다 높은 사람은?_(고추장)
- 고추장 보다 높은 사람은?_(초고추장)
- 그렇다면 초고추장보다 높은 사람은?_(태양초고추장)

둘째는 균형 감각이 있어야 한다. 여러 변수가 상호작용하는 것을 계산하지 못하면 적절한 타이밍은 찾아낼 수 없다. 강연자는 대중 앞에서 심적 동요 없이 평정심을 유지해야 하는 데도 불구하고 사람인지라 흔들릴 때가 많다. 특히 강연 도중 한꺼번에 청중 서너 명이 나갈 때, 옆 사람과 두런두런 이야기하며 소란스럽게 할 때, 전화벨이 울리고 요란하게 받으며 나갈 때 등 생각지도 못했던 상황이 펼쳐지면 얼굴에 그대로 당혹스러운 표정을 드러내는 경우가 있다. 그럴 경우 무게중심이 내려가는 곳에 유머를 장착해서 가볍게 해야 한다. 주의할 점은 상대를 지목한다거나, 누구인지 분명하게 알 수 있는 상황으로 당사자를 무안하게 만들면 안 된다. 이럴 때는 전혀 다른 유머를 구사하는 게 좋다.

◆ **분위기 전환에 좋은 유머 ②**

- 의사가 가장 싫어하는 사람은?_(앓느니 죽겠다는 사람)
- 치과의사가 가장 싫어하는 사람은?_(이 없으면 잇몸으로 산다는 사람)
- 산부인과의사가 가장 싫어하는 사람은?_(무자식이 상팔자라는 사람)

- 한의사가 가장 싫어하는 사람은?_(밥이 보약이라는 사람)
- 학원선생이 가장 싫어하는 학생은?_(하나를 가르치면 열을 아는 학생)

셋째는 속도를 계산해야 한다. 스피드만 낸다고 해서 타이밍이 맞는 것은 아니다. 자신이 전달하고 싶은 주제를 향해서만 전력 질주한다면 오히려 전달력이 떨어진다. 타이밍의 기술은 속력이 아니라 속도에 있다. 하나의 단락을 전달했다면 그들이 생각할 여유를 조금 주는 것이 좋다. 다음 이야기로 넘어가기 전에 숨고르기 작전으로 긴장을 풀고 한층 밝아진 분위기로 유도해야 한다.

◆ 분위기 전환에 좋은 유머 ③

- 세계에서 가장 가난한 임금은?_(최저임금)
- 세계에서 가장 많이 팔린 책은?_(공책)
- 세상에서 가장 뜨거운 복숭아는?_(천도복숭아)
- 게으른 사람들이 평생 못 보는 영화는_(부귀영화)
- 나의 울음으로 시작해서 남의 울음으로 끝나는 것은?_(인생)

넷째, 조급증을 버려야 한다. 조급증은 심리적인 현상이다. 지나친 의욕이나 자신감 또는 불안감이 조급증을 불러일으키고 타이밍 조절을 어렵게 한다. 청중이 웃어야 할 타임에 웃지 않고, 질문을 던졌는데 대답이 없으면 강연자는 상황을 모면하기 위해 조급해진다. 그러나 조급한 것은 본인일 뿐이다. 청중은 표정이나 행동에 드러나는 당신의 조급함을 이해하는 것이 아니라 프로답지 못하다고 여긴다. 특히 상사 앞이나 전문성을 드러내야 하는 자리에서 이런 모습을 보인다면 당신에 대한 신뢰도는 바닥으로 떨어진다. 조급함을 내려놓고 자신을 위해 한 템포 여유를 갖는 게 좋다.

조선시대 문신 이항복은 선조의 신임을 받는 인물이었다. 어느 날 선조가 이항복의 재치를 시험하기 위해 중신들과 짜고 궁에 들어올 때 계란 하나씩을 가져오게 했다. 다음 날 임금 앞에 중신들이 모였다.

"짐이 경들에게 준비하란 것들을 가져왔는가?"

임금의 말에 중신들은 품에서 계란을 하나씩 꺼내 임금께 바쳤다.

하지만 계란을 가져오란 말을 듣지 못한 이항복은 혼자서 멀뚱멀뚱 어떤 상황인지 살폈다. 중신들이 이항복에게 어서 계란을 꺼내놓으라고 재촉했다. 이항복이 당황한 기색을 보이자 중신들은 천재도 이런 상황에서는 어쩔 수 없다고 생각했는지 마음껏 놀렸다. 웃기기는 선조도 마찬가지였지만 시치미를 뚝 떼고 말했다.

"어허, 어찌 경은 계란을 내놓지 않는 것인가?"

그러자 이항복이 "꼬끼오!" 하고 닭 우는 소리를 냈다.

"전하, 소신은 수탉인지라 알을 낳지 못하옵니다!"

이 말에 임금과 중신들은 무릎을 치며 이항복의 재치에 탄복했다.

다섯째, 유머의 타이밍을 잡기 위해 상대방의 의도를 읽어야 한다. 상대방의 욕구나 의도를 읽지 못하면 결코 타이밍을 맞출 수 없다.

상대의 공격적인 질문이나 문제 제기에 실린 의중을 정확하게 파악할 수 있어야 한다. 그래야 진중한 답변으로 상대방의 마음을 사로잡을 수 있고, 그 결과로 전략적 제휴를 성사시킬 수 있다. 성공적인 강연은 타이밍이 성패를 결정하게 된다. 만약 의도가 불손하거나 지극히 개인적인 성향의 문제라고 판단될 때는 적절한 유머로 상대방의 마음을 풀어줘야 한다.

◆ 베짱이와 국회의원의 공통점

- 놀고먹는다.
- 시끄럽다.
- 찬바람 불면 꼼짝 못 한다.
- 잔디가 깔린 곳에서 흔히 볼 수 있다.
- 후대를 위해 표본으로 만들 필요가 있다.
- 겉보기에는 큰 해가 없으나, 일할 맛 안 나게 만드는 특출한 재주가 있다.

◆ 정치인과 개의 공통점

- 가끔 주인도 몰라보고 짖거나 덤빌 때가 있다.
- 먹을 것을 주면 아무나 좋아한다.
- 어떻게 짖어도 개소리다.
- 자기 밥그릇은 절대로 뺏기지 않는 습성이 있다.
- 매도 그때뿐 옛날 버릇 못 고친다.

- 미치면 약도 없다.

타이밍을 맞추는 것은 우연의 일치일 수 있지만 엄격히 계산된 지점이어야 한다. 대중 앞에서는 특히 그렇다. 나 혼잣말이 아니고 녹화를 떠서 일방적으로 전달하는 경우가 아니기 때문에 적절한 타이밍에 민감해야 한다. 순간의 포착으로 그에 맞는 대응을 할 수 있다면 대중의 심리를 사로잡을 수 있는 기회가 된다. 상황에 따라 다르겠지만 어려울수록 돌아가야 한다는 말처럼, 직접적이고 즉흥적 대립보다는 대중에게 즐거움을 주는 유머러스한 방법으로 타이밍을 맞춰보자. 그것이 대중의 웃음 속에 당신의 능력을 심을 수 있는 절묘한 타이밍이다.

실전을 위한 연습 Tip

▶ 자기소개 1분 스피치

▶ 앞으로 10년 후, 나의 모습을 상상하여 3분 동안 스피치하기

▶ 경험한 스피치에 대해 느낀 점을 1분 동안 말해보기

간결하고 힘 있는 말하기는 일종의 예술과 같다.
말을 반복하고 또 반복하는 사람은 뇌가 퇴화되는 중이 아닌 이상
영향력이 미미한 사람이다.

하버드대학교 소통전문가 닉 모건

5장

액추얼 스피치

지피지기 백전백승 스피치 전략

준비된 자는 두렵지 않다

지휘자와 친분이 있어 오케스트라 리허설 현장에 간 적이 있다. 저녁 7시 공연인데도 단원들은 오전 10시부터 연습하고 있었다. 우리나라 최고의 오케스트라단이고 프로 연주자들로 구성되었는데 굳이 그럴 필요 있을까 하는 의구심이 들었다. 내 생각에는 그들이 가진 기본 실력만 보여줘도 충분할 것 같았다. 단원들이 하나둘 들어와 착석하자 웅성거렸던 무대는 어느새 긴장감이 맴돌았다. 순간, 나는 지금 본 공연을 하는 건 아닌지 착각했다. 단원들이 그만큼 진지하고 비장하게 연습에 임했던 것이다. 리허설이니 한두 번 정도 맞춰보고 끝낼 줄 알았는데 그들의 연주는 계속되었다.

리허설을 실전처럼 하는 그들을 대하니 당혹스럽기까지 했다. 몇 시간 거듭된 연주에 지칠 법한데도 잠시 쉬었다 하자고 말하는 이도 없었다. 무엇이 그들을 저처럼 연주하게 하는 걸까? 설마 지휘자가 단원들을 못 믿거나 단원들 스스로 자신을 믿지 못하는 것은 아닌지 궁금했다. 본격적인 공연 한 시간 전이 되어서야 최종 리허설이 끝났다. 나는 땀을 닦는 지휘자에게 물었다.

"두려우신가요?"

"왜 두려워야 하죠? 우리는 모든 준비를 끝냈습니다."

그들의 공연은 성황리에 끝났다. 관객들은 환호했고, 단원들은 쏟아지는 호평에 행복해했다. 완벽하게 준비한 자들이 만끽할 수 있는 기쁨이었다. 준비는 우리를 완벽하게 만들어준다. 이제는 당신 차례다.

5장은 대중 앞에 설 당신을 준비시키는 과정이다. 최종 리허설은 시작이지 끝이 아니다. 차분하게 준비하라. 긴장은 사라지고 자신감이 붙을 것이다. 당신이 무대의 지휘자임을 명심하라. 점검하고 체크해서 완벽하게 준비를 하자. 관객의 환호는 당신 몫이다.

대중 앞에 선 당신, 목표는 무엇인가

'북한산 프레젠테이션 대회'에 심사위원으로 초청받은 적이 있었다. 국립공원을 사랑하자는 주제로 스피치 대회를 연다는 사실 자체가 나를 흥분시켰다. 예선에 무려 200여 명이 넘는 신청자들이 몰렸다니 이제 대중 앞에서 자신의 주장을 펼치는 것이 확산되고 있다는 생각에 스피치 관련 일을 하는 한 사람으로서 흐뭇했다. 예선을 통과해 올라온 30명의 결선은 그야말로 불꽃 튀는 경쟁이었다. 그들은 주어진 5분 동안 준비해온 PDF파일이나 PPT자료를 활용해 심사위원과 관객의 눈과 귀를 사로잡기 위해 고군분투했다. 청중의 박수와 환호가 쏟아졌고 발표자의 발언에 따라 웃음이 터지기도 하고 탄성으로 공감을 표하기도 했다.

일반 청중과는 달리 심사위원들은 심사 기준에 의해 발표자와 프레젠테이션 상황을 채점한다. 어느 스피치 대회이건 공정한 심사를 위해 기준이 정해져 있는데 대부분 주제부합성, 창의성, 논리력, 표현력, 사고력이 그 기준이다. 이 대회 발표자들도 자신의 주장에 개성을 살리고 심사위원들의 눈에 띄기 위해 창의성에 주안점을 두고 발표했지만 때로는 다소 엉뚱한 장면이 연출되고 웃음으로 희화해 주제에서 멀어지는 결과를 초래하는 발표자도 있었다. 말하고자 하는 주제가 묻히고 말아서 오히려 독특함이 독이 되는 순간이 되었다. 스피치의 최대 관건은 주제에 집중해야 한다는 것이다. 주제 즉 핵심을 부각시키고 잘 전달하는 것이 스피치의 목적이다. 당신이 무슨 말을 하고자 대중 앞에 섰는지 확실히 알아야 한다.

대중은 수많은 사람의 무리를 일컫는다. 하지만 나는 대중이라는 의미를 세 명 이상으로 범위를 확대해보려고 한다. 준비된 객석에 앉아있는 청중일 수 있지만, 대부분 소그룹의 인원이나 당신을 초대한 몇 사람일 수도 있다. 우리 사회는 지금 사람들 앞에서 이야기를 해야 하는 기회가 많아졌다. 자신이 하고 싶은 말을 제대로 전달해야 한다는 뜻으로 받아주면 좋겠다. 대중 앞이라고 해서 특별할 것이 없다는 뜻이며 어디서든지 무대가 되고 자신의 역량을 펼치는 기회가 된다는 의미다.

그런데 대중이란 말 자체에 공포를 느끼는 사람도 있다. 사적인 자리에서 그룹으로 모여 이야기할 때는 긴장감 없이 대화를 주도해 나가는 사람도, 일어서서 말하라고 하면 당혹스러움을 감추지 못하는 경우가 많다. 일어서는 순간 무대가 되고 다른 사람이 청중이 되기 때문인데 겁낼 필요가 없다. 사람 수가 많아진 것도 아니고 대화 주제가 바뀐 것도 아니다. 당신도 대중의 한 사람일 뿐이다.

대중 앞에 서는 이유는 크게 '내가 대중을 원할 때'와 '대중이 나를 원할 때'로 나눌 수 있다. 언뜻 들으면 비슷한 것 같지만 스피치의 차이는 확연하게 다르다. 대중 앞에 서는 목적이 다르기 때문에 스피치의 목표도 달라지고 당신의 역할 또한 변하기 때문이다.

먼저 '내가 상대를 원할 때' 대중 앞에 서는 법을 알아보자. 당신의 스피치를 대중이 꼭 들어줘야 할 때이다. 상품 소개나 홍보, 정보 전달, 업무를 보고하는 상황이 이에 해당한다. 당신은 전달하고자 하는 내용이 간절하기 때문에 호소로 청중의 마음을 잡으려 할 것이다. 하지만 이러한 목표 지향적 스피치는 반감을 가져올 수 있고 역효과를 낼 수 있다. 급한 마음을 억제하여 평정심을 유지하고 최대한 객관화시켜서 발언해야 한다. 냉정함을 유지하고 당신이 말하려는 것에 집중해야 하는 것이다. 웃음을 남발하면 실없는 사람으로 보이기 쉽고, 주변 이야기를 많이 하면 산만해진다. 너무 많은 것을 전달하려 욕심을 내면 아무것도 전달하지 못하는 것과 같다. 이 점을 명심해야 한다. 이럴 때는 전달하고 싶은 내용이 많더라도 세 개로 줄이는 게 좋다. 나는 이것이 사람이 받아들일 수 있는 한계라고 생각한다. 아무리 부각시킬 것이 많아도 그 이상이면 다음 기회를 예약하거나, 스피치가 끝나고 질의응답이나 보조 자료를 나눠주는 것으로 충당하도록 하는 것이 좋다.

또한 모든 정보 제공은 두괄식 전달법으로 하면 좋다. 서두에 주제를 배치하고 나머지는 그것을 뒷받침하는 내용으로 채우는 것이다. 중심이 되는 사항을 먼저 제시해 청중의 이목을 집중시키면 목적 달성이 유리해진다. 사람들은 상대의 말을 듣는 도중 자신도 모르게 다른 생각으로 빠진다. 청중이 중간에 딴생각을 한다 하더라도 첫 문장에서 핵심포인트를 전달했으므로 우려하지 않아도 된다. 그리고 전달사항의 순서를 정할 때 뒤로 갈수록 정보역량이 큰 것을 배치하는 점층법 구성도 좋다. 이 방법은 청중의 집중력을 높이고 기대감을 갖게 해 대중의 호감을 높여준다.

다음은 '상대가 나를 원할 때' 대중 앞에 서는 법이다. 보통의 강연을 말한다. 우리에게 익숙한 TED 강연, 저자 특강, 자신을 드러내야 하는 상황 등이 여기에 속한다. 소수그룹이 대중의 대상일 수 있고, 회사 초청이나 관공서 기획 강연 같은 곳은 수십 명에서 수백 명에 이르기도 한다. 강사가 먼저 흥분하거나 감성적으로 접근하면 안 된다. 최대한 자신에게 집중하고 대중 앞에 선 목적을 상기해야 한다.

어느 도서관 주최 강연을 들으러 간 적이 있었다. 평소 알고 싶었던 주제라서 꼭 듣고 싶었던 강연이었다. 그런데 기대와 달리 강사는 시작 30분을 자신의 사적인 이야기로 끌었다. 그것은 주제와 연관성도 없고 내가 절대로 알고 싶은 것도 아니었다. 매력도 없고 청중을 집중시키는 효과도 전혀 없었다. 계속 들어야 하는지 망설여졌다. 결국은 안 듣기로 했다. 시작을 보니 끝까지 들어도 별다를 것이 없다는 판단이었다. 결국 강사는 내 시간을 축냈을 뿐이었다. 어떤 주제로 강연을 기획했다면 그것에 충실해야 한다. 에피소드도 핵심을 도출하기 위한 일환이 되어야 한다. 강연하기 전에 스스로에게 물어보라.

"사람들이 왜 이곳에 왔을까?"
"나에게 듣고 싶은 것은 무엇일까?"
"나는 어떤 주제를 가장 잘 말할 수 있는가?"

지금은 대중이 일반화된 사회다. 사람들의 의식수준, 교육수준, 생활수준이 비슷하고 인터넷의 확산으로 문화를 공유하는 시대에 살고 있다. 같은 상황이나 문제에 대해 생각하고 토론한다. 화두도 다양해서 대중문화, 정치, 날씨, 인물, 교육, 사회현상 등 각양각색이다. 전문화된 지식이 인터넷 검색만 하면 나오고 자신이 알고 있는 정보를 동영상으로 올려 확산시킨다. 세계 어느 곳이든 공개된 정보를 볼 수 있고 간단한 방법으로 자기 것으로 만들 수 있다. 굳이 당신에게 들어야 하는 이유를 만들어야 한다.

"당신은 왜 대중 앞에 섰는가?"

다시 한 번 자신에게 물어보자.

스피치 뼈대만 세우고 살은 현장에서 붙여라

부끄럽지만 실패담을 먼저 얘기하고 시작해야겠다. 나는 SBS 8기 공채 개그맨으로 방송에 데뷔했다. 학창시절부터 주위 사람들을 웃기는 데는 자신 있었고, 학교행사 때마다 사회를 보고 행사도 진행했기 때문에 방송이 그다지 겁나지는 않았다. 이제 승승장구할 일만 남았다고 생각했다. 많은 인기를 얻어 방송계에서 알아주는 인물이 될 것이라는 포부도 있었다.

그때 '6시 내 고향' 프로그램 리포터 제의가 들어왔다. 미국의 코난 오브라이언 같은 방송 MC가 되는 것이 인생의 궁극적 목표였던 나는 개그 코너를 맡은 것만큼이나 기뻤다. 반드시 내 가능성을 보여주고 인정받겠다고 다짐했다. 대본을 받아 읽고 또 읽었다. 현장에서 대응할 멘트까지 완벽하게 외웠다. 현장에서 "큐!"라는 사인만 받으면 될 만큼 완벽하게 준비했다.

그런데 막상 현장에 도착한 나는 눈앞이 캄캄해졌다. 찾아간 현장 환경은 내 생각과 완전히 달랐다. 대본에 적힌 멘트도 할 수 없는 데다, 설상가상으로 인터뷰 대상들도 정해진 대로 답변해주지 않았다. 몇 번의 NG를 내면서 대본대로 해달라고 부탁했지만, 그들은 애타는 내 마음을 알지 못했다. 한 치의 오차 없이 철저하게 준비한 대가치고는 너무 가혹한 현실이었다. 말끔했던 내 옷에는 흙탕물이 잔뜩 튀고, 자존심도 크게 구겨졌다. 그날 방송은 그들에 대한 원망을 가득 품은 채 마무리됐다.

"현장감을 살려야지!"

얼마나 노력했는지 잘 아는 선배가 내게 무심코 던진 조언이었다. 그 말이 와 닿지 않았던 나는 토씨 하나까지 외우느라 너덜너덜해진 대본을 펼쳐 보이며 흥분된 목소리로 반문했다.

"그럼 준비는 필요 없는 건가요?"

"최고의 준비는 즐기려는 마음이야."

선배는 애매모호한 이 말을 남기고 자리를 떴다. 그 순간 한숨만 나왔지만, 지금도 그 말이 머릿속에 살아있다. 때로는 현장에서 답을 찾아야 하는 것이다.

나는 '대중 앞에 서는 법'이란 프로그램으로 스피치 방법을 가르치며 2분 동안 수강생들이 할 수 있는 모의강연을 준비하라는 과제를 내준다. 발표시간이 되어 그들 손을 보면 어김없이 원고가 쥐어져 있는데, 주제에 상관없이 그들은 원고에 적힌 것을 보고 읽는다. 어떤 사람은 달달 외워 순식간에 말하기도 하고, 외운 것을 중간에 잊은 사람은 원고에서 어느 부분까지 말했는지 한참을 찾는다. 그런 걸 볼 때면 미안하지만 실망스럽기 그지없다. 왜 원고를 쓰고 외웠냐고 수강생들에게 물으면 실수하지 않기 위해서라고 이구동성으로 말한다,

원고를 쓰고 외우면 준비하는 동안 안심할 수 있다. 하지만 무대에 섰을 때 외운 원고대로 해야 한다는 강박감이 든다. 그러다 보면 원고 내용을 잊어버리지 않기 위해 표정과 동작이 경직되고 자연스

럽지 못하게 된다. 대중 앞에 선 것만으로도 긴장되는 상황에서 심적 부담까지 작용하는 것이다. 그 긴장감은 머리를 텅 비게 만들 수 있고, 눈앞을 깜깜한 암흑으로 만들 수도 있다.

전국에 체인점을 둔 어느 헤어숍 회장의 일화이다. 어느 날 각 지역 사장들과 간담회를 개최하게 되었다. 그는 인사말을 해야 하는 상황이어서 원고를 쓰고 외우기를 반복했다. 녹음해서 듣고 발음까지 교정하며 완벽하게 외웠다. 그는 연단에 서기 직전까지 인사말을 점검하고 검토했다. 그런데 머리 숙여 인사하고 고개를 드는 순간, 눈앞이 캄캄해지며 어떻게 인사말을 했는지 단 한 마디도 기억해내지 못했다. 그래서 곧바로 스피치 학원에 등록하러 왔다고 했다. 암기는 자신의 머리를 믿는 것이다. 그럼 당신의 머리는 믿을 수 있을 만큼 대단할까? 설령 그렇다고 하더라도 무대를 즐길 줄 알아야 한다. 이것이 현장감을 살리면서 실수를 줄이는 길이다.

조각품을 빚을 때 가장 중요한 것은 뼈대를 구성하는 것이다. 뼈대에 따라 작품의 표현이 달라지기 때문이다. 튼튼한 뼈대 위에 살을 붙여야 안정적으로 자리 잡는다. 스피치도 마찬가지다. 당신이 대중 앞에 서는 무대는 언제 어떻게 상황이 바뀔지 모른다. 장소가 협소할 수도 있고 대강당일 수도 있다. 청중의 수와 대상도 매번 달라진다. 시간 배정도 두 시간 넘게 책정될 수도 있고 생각보다 훨씬 짧을 수도 있다. 이런 변화에 따라 스피치의 뼈대 즉 구성이 달라져야 한다. 그때마다 원고를 달리 쓸 수는 없다. 원고 뼈대는 미리 준비하되 살은 현장에서 붙여야 한다.

뼈대는 당신이 하고자 하는 말의 핵심이다. 포인트를 중심으로 뼈대를 잡아가듯 시작과 중간, 끝을 짜야 한다. 오프닝 멘트부터 끝인사까지 하나의 주제로 맥이 통하게 연결해야 완결성이 있다. 한 가지 주제에는 하나의 뼈대로 연결되어야 일관성 있고 완성도 높은 작품이 구성된다. 하고 싶은 말이 많다고 해서, 다시는 기회가 없을 것 같아서 많은 뼈대를 만들어놓고 살을 붙이려면 안 된다.

나의 노하우를 공개해본다. 우선 A4용지 한 장에 주어진 시간의 범위 안에서 하고 싶은 핵심 발언의 중심 단어를 크고 진하게 적는다. 시간까지 분배해서 체크해놓으면 주어진 시간을 알뜰하게 활용할 수 있다. 세부사항은 작은 글씨나 포스트잇을 사용해 적어놓는다. 문장형태로 적기보다는 단어로 적는다. 문장보다 단어를 선호하는 이유는 간단하다. 단어로 된 뼈대는 현장 반응을 보고 살을 붙이기 좋기 때문이다.

청중에게 질문하고 대답과 호응으로 살을 덧붙이면 훌륭한 작품이 된다. 물론 여러 상황에 맞는 멘트와 대처 능력이 요구된다. 그런데 반응이 없어 난감할 때도 있다. 어쩌면 원고를 외워서 달변가처럼 연설을 마치는 게 더 쉬울지도 모른다. 하지만 대중은 강사의 일방적인 작품보다 자신이 참여해 빚은 작품에 더 애착을 갖는다. 일방적으로 전달하기보다 청중과 소통하며 강연시간을 빚어가는 것이 강사와 청중을 흡족하게 만든다. 자신이 일조한 강연에 애착을 갖는 것 또한 당연하다. 그런 강연을 대중에게 선물했을 때 홍보는 그들 몫이다. 원고를 외워야 한다는 강박을 버리고 무대를 즐기려는 마음을 가져라. 그것이 가능할 때 당신 스피치는 대중 가슴에 하나의 작품으로 거듭난다.

듣기 좋은 목소리에 전달력이 있다

나는 문학에 관심이 많다. 평소에 책을 읽으면서 사람이나 상황을 이해하는 폭이 넓어지는 것 같다는 생각을 하곤 한다. 그중 고전은 내 삶의 질을 높이는 데 일익을 담당했다. 나는 시간이 허락하는 한 문학특강이 있으면 어디든 찾아가 듣는다.

얼마 전에 신문에서 본 문학평론가의 강연이 있어 그곳을 찾아갔다. 내가 읽은 적이 있는 고전을 분석한다고 해서 그 자리에 참석하는 자체로 흥분이 되었다. 도착해보니 신문사의 강의실은 사람들로 꽉 차있었다. 시간이 되자 회색빛 머리카락에 옅은 미소를 띤 교수가 등장했다. 사회자의 소개를 받은 그가 마이크를 잡았다. 그런데 교수의 목소리가 잘 들리지 않았다. 나만 듣지 못하나 하는 마음에 주위를 두리번거려 보았다. 다른 사람도 마찬가지였는지 나와 눈이 마주치는 사람들이 있었다. 어떤 여성분이 손을 들고 안 들린다고 외쳤다. 교수는 자기 목소리가 원래 작다고 하면서 안 들리는 사람은 앞으로 당겨 앉으라고 했다. 사람들이 책상을 들고 앞으로 웅성거리며 나갔다. 나도 펼쳤던 노트를 접어야만 했다. 앉은 자리를 좁히고 좁혀 안으로 밀집했다. 그리고 강연 내내 교수의 작은 목소리를 듣느라 귀를 쫑긋 세우고 온 신경을 집중시켰다. 강연이 끝났는데 온몸이 뻐근하고 피로감이 확 몰려왔다. 분명 유익한 강연을 들었지만 남은 것은 아쉬움뿐이었다.

대중 앞에 서려면 목소리의 크기나 강약에 신경을 써야 한다. 나는 원래 그런 사람이니 청중이 알아서 들으라고 하는 것은 강사로서 무책임한 말이다. 장소의 크기에 따라, 사람의 많고 적음에 따라 목소리의 강약을 조절해야 한다. 무대 상황은 강사의 목소리를 배려하지 않고 구성돼 있다. 맞춰야 하는 것은 강사다. 경험상 내가 난처했던 공간은 말소리가 그대로 울리는 곳이었다. 그곳에 서니 원래 성량이 큰 내 말소리가 그대로 쩌렁쩌렁 울렸다. 생각해보니 청중에게 상당히 피로감을 주겠다는 판단이 섰다. 나는 목소리 톤을 저음으로 조절해서 차분하고 느리게 말했다. 다행히 청중이 적은 인원이어서 가능한 방법이었다. 열정을 담는다고 무조건 큰 목소리를 낼 필요는 없다. 달콤한 음악처럼 적당한 크기로 강약을 살려 듣는 이의 귀에 즐겁게 할 필요가 있다.

의외로 목소리에 자신 없어 하는 분들이 많다. 너무 작거나 크거나, 목소리가 밖으로 나오지 못해 웅얼거리는 것처럼 말한다며 다들 자기 목소리에 고민을 갖고 있다. 나도 마찬가지다. 나는 에너지 넘치는 목소리라는 소리를 많이 듣는다. 말소리에 힘이 실려 있어 나와 대화를 하면 기분이 좋아지고 무엇이든 할 수 있다는 동기부여를 받는다고 한다. 그러나 나도 말소리에 불만이 있다. 바로 발음이다. 아시는 분은 아시겠지만 빠르게 말하다 보면 발음이 부정확하게 나올 때가 많이 있다. 연습을 많이 해도 쉽게 고쳐지지 않는다. 구강구조의 문제인지, 혀의 문제인지, 발성의 문제인지 모르겠지만 내 발음은 대중 앞에서 나를 작아지게 만든다. 잘해보겠다고 다짐하고 첫 문장을 외쳤을 때 내 귀에 들리는 내 발음에 움츠려든 적이 한두 번이 아니다. 그러나 나는 내 단점을 커버할 수 있는 비법을 알고 있다. 바로 목소리에 진정성을 담는 것이다. 나는 어느 대중 앞에서 건 최선을 다해 성의껏 말한다. 마음을 다해 내 이야기를 전달한다. 상대가 내 발음에 신경 쓰지 않고 전하고자 하는 내 말에 집중할 수 있도록 그들과 눈을 마주치며 진정성 있게 다가가는 것이다.

대중 앞에서 말한다는 것은 대중을 포섭하는 것이다. 말하는 목적이 무엇이든 청중을 사로잡아야 한다. 야무지거나 끝을 툭툭 끊는 듯한 말투는 삼가는 게 좋다. 그런 말투는 차갑고 냉정하게 들려 상대방의 마음을 닫게 하기 때문이다. 사랑을 주제로 강연을 한다 해도 듣는 사람에게는 훈계하는 것으로 들릴 수 있다. 경우에 따라서는 강요하는 듯한 인상을 주기도 한다. 강연시간이 길수록 목소리 톤을 조절하는 것은 특별히 유의해야 할 사항이므로 꼭 점검해야 한다.

그런데 만약 그것이 당신의 가장 큰 약점이고 고칠 수 없는 단점이라면, 그것을 커버할 수 있는 방법이 있다. 표정을 부드럽게 하고 감사와 칭찬의 메시지를 전달하면 된다. 강연 중간중간 질문을 던지고 대답해주는 청중에게 웃으며 고마움을 표현한다. 그러면 당신의 딱딱한 말투는 한 템포 쉴 수 있고 웃는 표정과 따뜻한 감사 인사로 어느 정도 결점을 만회할 수 있다. 청중은 당신의 발음보다 말에서 전달되는 느낌이나 분위기에 매료된다. 단점이 있으니 안 된다고 포기하지 말고 그것을 자신만의 특별함으로 만회하기 바란다. 강연장을 박차고 일어나 나가는 사람을 보지 않기 위해서는 강사의 노력이 필수다.

듣기 좋은 목소리는 전달력이 높아진다. 포용력이 담긴 타고난 따뜻한 말투는 청중에게 위로와 힘이 된다. 그런데 듣기 좋은 목소리가 따로 정해져 있는 것은 아니다. 표준이나 기준이 있는 절대적 개념도 아니다. 목소리에 자신의 인격을 담고 청중을 진심으로 대하는 진정성을 담아보자. 한 마디의 말이라도 건성으로 하지 말고 실없는 농담으로 분위기를 전환하기보다 조금은 서투르더라도 솔직하게 청중에게 다가가면 된다.

유창한 연설이지만 신뢰가 가지 않을 때가 있다. 우리는 그런 사람의 강연이나 발표를 들으면 겉으로는 수긍하는 척하지만 속으로는 반신반의한다. 이상하게 속고 있다는 느낌을 지울 수 없고 빨리 그 자리를 피하고 싶다는 생각을 갖는다. 유려한 말솜씨를 부러워하지 말고 당신의 결점이 청중에게 유리하게 작용할 수 있음을 명심해야 한다.

대중 앞에 선 당신은 능숙하게 막힘없이 말하는 달변가가 목적인가, 아니면 대중의 신뢰를 받는 것이 목적인가. 명심할 것은 우리는 대중이 원하는 강연자가 되어야 한다는 점이다.

청중은 사로잡힌 포로가 아니다

"청중을 웃기는 건 쉽다. 그러나 그것은 위험한 일이다. 청중을 다시 내 강연으로 집중하도록 끌어들이기가 어렵기 때문이다."

러셀 H 콘웰의 말이다. 대중 앞에서 유머는 양날의 검이다. 개그맨으로 방송에 데뷔했기 때문에 유머에 자신 있는 것처럼 보이지만, 유머는 언제나 나를 불안하고 초조하게 만든다. 대중의 기대심리를 충족해야 한다는 부담감과, 감각 있는 새로운 유머를 개발해야 한다는 중압감이 나를 짓누른다. 스피치 강사로 유머가 내 주제를 집어 삼키지 않도록 수위를 조절해야 한다는 강박감도 갖고 있다. 이 모든 것은 청중을 만족하게 하고 싶은 욕구에서 비롯되었다. 아무리 연설을 잘 수행하고 내가 만족스런 강연을 했더라도 청중이 흡족하지 않으면 대중 앞에 선 의미가 없기 때문이다.

강연의 3요소는 무대, 연사, 청중이다. 무대와 연사는 정해져 있을 수 있지만 청중은 늘 바뀐다. 대중 앞에 선다는 것 자체가 두려운 이유는 바로 청중 때문이다. 혼잣말이야 어떻게 해도 상관없고, 가족이나 친구 관계에서는 실수하더라도 이해하고 용납되는 부분이 있다. 하지만 청중은 실책에 대해 양해나 용납을 구할 대상이 아니다. 말은 한 번 내뱉으면 주워 담을 수 없고 실수한 부분에 대해 못 들은 것으로 하라는 것도 어불성설語不成說이다.

청중은 어린이나 청소년일 수도 있고 비슷한 또래나 연세가 지긋한 어른일 수도 있다. 주제가 보편적일수록 청중의 대상은 확대된다. 어린이 앞이라고 해서 편안하고 성인이라고 해서 더 어렵고 긴장되는 건 아니다. 오히려 나이가 어릴수록 적극적인 질문으로 난처한 상황이 발생하기도 한다. 예리한 관찰력으로 말실수나 강사의 행동을 꼬집으며 흐름을 끊기도 하기 때문에 신경이 곤두선다. 사회자의 소개를 받고 무대에 서는 즉시 청중의 분위기가 다가온다. 그 순간 나오는 첫 마디가 강연의 흐름을 바꾸기도 한다.

강연장 문이 닫히고 청중이 의자에 모두 착석했다고 해서 당신이 그들을 사로잡았다는 생각은 접어야 한다. 그들은 절대 고분고분하지 않다. 언제든 자리를 털고 일어날 수 있으며, 당신에게 포섭되지 않기 위해 당신이 실수하기를 학수고대하고 있을지 모른다. 어쩌면 당신보다 자신이 더 낫다는 것을 보이려 도전장을 내밀지도 모른다. 그렇다면 당신은 어떤 능력으로 어떻게 청중을 사로잡을 것인가.

상대는 누구인가

스피치는 질의응답과정을 통해 열매를 맺는다. 질의와 응답을 통한 커뮤니케이션은 청중과 소통이 이루어지고 있음을 보여주는 것이다. 강사의 일방적인 스피치가 아님을 확인할 수 있고, 청중의 집중도를 알아볼 수 있으며, 어느 정도 이해하고 있는지 가늠할 수 있는 잣대가 된다. 질문과 답변이 강연의 질을 높이고 대중의 만족도 또한 상승시킬 수 있는 요인이다.

어느 언론사 관계자가 하는 강연에 간 적이 있었다. 강사 프로필을 보니 일류대학을 나왔고 자기 주관이 분명하며 민중을 선도할 만한 철학도 가지고 있는 사람이었다. 언론인이기에 말을 능숙하게 잘하겠지 하는 기대감으로 강연 시작만을 고대했다. 역시나 그는 청중을 끌어당기는 강연을 했다. 보여주는 사진이나 영상도 주제에 잘 맞았고, 무대에서 몸짓이나 말투도 정중했다. 적절하게 유머를 사용한 덕에 시간가는 줄 모르고 강연을 들었다.

교육환경에 관한 주제였는데 평소 관심은 있지만 문외한이었기에 강연을 듣고 새로운 것을 터득하게 된 유익함도 주었다. 그는 강연 중간에는 청중에게 질문을 하지 않았고, 질의도 받지 않았다. 한 시간 정도의 강연이 다 끝나고 질의응답 시간이 주어졌다. 다수의 사람들이 손을 들고 질문했다. 강연을 잘 들었다는 표시로 보였다. 질문자들은 진지했고 강사 또한 성심껏 대답해주는 모습이 보기에 좋았다. 그러나 질문에 대한 명쾌한 답변이 아니어서 아쉬웠다. 질문이 거듭될수록 답변은 같은 말이 반복되었고 유야무야 얼버무리는 것 같았다. 아무래도 강사는 예상 질문을 뽑지 않았던지, 강연에 집중한 나머지 질의응답의 중요성을 간과한 것이 아닌가 싶었다. 300회 이상 강연을 다녔다는 그의 능숙함으로 어떠한 질문에도 당황하지는 않았지만, 분명 청중의 호응에 부응하지 못한 마무리 질의응답이 되고 말았다.

대중 앞에 설 때는 청중의 욕구를 시원하게 해결해주려는 의지가 있어야 한다. 강연을 준비할 때는 자신이 하고 싶은 말과 전하려는 정보가 있기에 두려움을 감수하고 대중 앞에 선다. 그러나 그것은 당신의 욕구다. 당신이 간절하니 청중도 간절할 것이라는 확신은 일찍 버리는 것이 좋다. 대중은 각자의 상황과 현실, 미래와 도전 등에 관한 각양각색의 욕구를 갖고 있다. 당신이 질문하거나 질의를 받을 때 그들은 먹잇감을 앞에 두고 송곳니를 드러내는 맹수처럼 자신의 호기심과 지적 욕구를 충족시키려 달려든다. 이에 맞서는 당신은 무엇을 준비했는지 점검해야 한다.

질의응답은 두 가지 방식으로 이루어질 수 있다. 먼저, 강연 도중에 내용과 관련해서 강사가 청중에게 질문을 던지는 방식이다. 강연 내용에 따라 간단하게 묻는 것이다. 이것은 청중의 시선을 강사에게 잡아두는 효과를 거둘 수 있다. 청중이 강연에 동참한다는 일체감을 주며 자칫 지루해질 수 있는 강연에 주위를 환기시키고 내용의 이해를 돕는 데도 효율적이다. 유의할 점이 있다면 질문이 간결해야 하고 대답이 장황하게 늘어지지 않도록 질문 포인트를 잡는 것이 중요하다. 강연 중간에 양념처럼 들어간 질문은 긴 강연의 활력소를 불어넣을 수 있다.

또 다른 하나는 청중이 많을 때, 규모가 큰 강연에서 강연을 마친 후 질문을 받는 형식이다. 청중이 질문하고 강사가 답변하는 방향으로 진행된다. 강사는 먼저 한 가지씩 질문해줄 것을 요구하고 그에 따른 답변을 성의껏 해주어야 한다. 질문자에게 눈을 맞추고 질문을 끝까지 들어주며 중간에 말을 끊지 않도록 주의해야 한다. 질문의 요지가 나왔다고 해서 질문자의 말을 끊는다면 청중에게 불쾌감을 주고 성급한 사람이라는 인식을 주게 된다. 그리고 앞서 한 강연 내용까지 신뢰도를 무너뜨리는 결과를 초래할 수 있으므로 주의해야 한다.

나는 청중이 질문하면 질의 내용을 내가 올바르게 이해했는지 다시 한 번 복창해준다. 다른 청중에게 질문 내용을 알린다는 목적도 있고 질의한 사람 외에 다른 청중과도 질문의 내용을 공유한다는 뜻도 있다. 고개를 끄덕이며 질문자와 부언의 대화를 나눈다. 이때 중요한 것은 자신이 잘 모르는 질문에 대해서는 솔직하게 말하는 것이다. 미처 생각지 못했던 부분을 짚어주셔서 고맙다는 인사말을 하고 깊이 생각해보겠다는 의견을 남긴다.

질의응답에서 신뢰감을 높이는 방법은 바로 자신감이다. 강사는 여느 사람보다 그 분야에 전문가이고, 대중 앞에 설 만큼 준비하고 노력했기 때문이다. 위축되거나 지나치게 겸손할 필요는 없다. 오히려 당당하고 전문가다운 확신을 심어줄 때 청중은 신뢰를 보낸다. 자신감을 갖추기 위해서는 스스로 노력해야 한다. 신문이나 독서 등을 통해 기본적이고 필수적인 풍부한 지식과 교양을 쌓아야 한다. 단편적인 지식과 정보로 대중 앞에서 무리수를 두어서는 안 된다. IT의 발달로 정보가 보편화된 세상이다. 책과 인터넷에 있는 정보와는 달리 당신의 차별성은 중요한 요소다. 시간을 투자해서 당신의 강연을 듣는 이들의 요구에 실망을 안기지 않도록 기본적인 교양을 쌓아야 하는 것은 필수다.

자신감은 자신이 대중보다 조금 더 많이 알고, 많은 정보가 있다고 생각될 때 생긴다. 준비가 덜 되었다든지 아는 게 부족하다고 느끼면 조급해지고 불안하게 마련이다. 자기도 확신하지 못하는 강연을 어느 누가 듣고 싶겠는가. 청중의 소양과 지식, 경험과 노하우는 가늠할 수도 없고 겉으로 드러나지도 않는다. 다양한 직업과 높은 학식을 겸비한 사람들이 많다. 강사가 청중을 선택할 수 없고 대상을 한정지을 수도 없다. 어느 부류의 청중을 만나더라도 자신이 가진 역량을 최대한 발휘하기 위해서는 내면의 힘이 필요하다.

대중 앞에 선다는 것은 대중의 가려운 부분을 긁어주고, 위로하며 문제해결을 위한 대안을 제시해야 한다. 그것이 질의응답을 하는 이유가 된다. "이쯤이면 됐어." 또는 "이 정도면 충분해."라고 스스로 인정하지 말고, 쉼 없이 노력하고 공부해서 자신을 키우고 성장시켜야 한다. 이것은 강사가 지녀야 할 필수조건 중 하나이다. 다양한 청중의 관심 분야나 성향이 언제 어디서 어떤 질문을 할지 모르기 때문이다.

아는 만큼 들리고 아는 만큼 보이므로 대중 앞에 서려는 당신은 눈과 귀를 열어야 한다. 그것이 청중의 질문에 명쾌한 답을 해줄 수 있는 길이다.

아군이 아니라 적군이다

강연장에 들어서면 눈에 확 띄는 사람이 있다. 팔짱을 끼고 굳은 표정으로 앉아있는 사람이다. "어디 얼마나 잘하나 보자."라는 뜻으로 보이면 당혹스럽기 그지없다. 대중 앞에 섰을 때 그런 사람이 눈에 띄는 순간 바짝 긴장하게 된다. 내가 어떤 사람인지 보여주겠다고 다짐하지만 자꾸 신경이 쓰이는 것은 어쩔 수 없다.

첫 책《느리더라도 멈추지 마라》저자 강연을 다니기 시작한 초기에는, 그런 청중을 보면 준비해간 멘트도 잊고 두서없이 서두를 꺼냈다가 횡설수설한 때가 많았다. 강연 내내 눈길을 주지 않으려고 해도 눈길이 저절로 그 사람에게 향했다. 나도 모르게 눈치를 보는 것이다. 당연히 내 강의는 의도했던 대로 흘러가지 않았다. 말 그대로 진땀만 흘린 채 끝나버렸다.

TV 카메라 앞에 수도 없이 섰넌 경험이 있고, 생방송 진행이나 기업체 행사 진행을 도맡아 했던 나인데 무엇이 문제였을까 생각해보았다. 그때 아주 중요한 사실을 깨달았다. 내가 청중에 대해 잘못된 인식을 갖고 있었던 것이다. 청중은 나를 위해 동원되거나 준비된 사람들이 아니었다. 즉 이 강연이 아니면 나하고는 전혀 관계가 없는 사람들이었다. 쉽게 말하면 결혼식 하객은 신랑신부와 관련이 있어 초대받고 가기 때문에, 축하해줄 마음으로 참석하는 것이어서 팔짱 낄 이유가 없다는 이야기다. 또한 종교단체 행사는 자신을 내려놓는 과정이기 때문에 앞에서 누가 말을 하든지 순응하고 호응을 보낸다. 정보를 제공하는 프레젠테이션도 마찬가지다. 설명해주는 정보를 놓치지 않기 위해 촉각을 곤두세우는 것이다.

하지만 내가 대중 앞에 선 이유는 달랐다. 나를 알리고 내가 하는 얘기를 들어달라는 것이기 때문이다. 물론 주최 측이 초대했지만 그들은 내가 아닌 다른 유명 인사나, 권위 있는 학자의 강연을 듣고 싶을지도 모른다. 그들은 이미 많은 강연을 들어봤을 것이고 다른 강사들과 내가 당연히 비교 대상이었을 것이다. 그들에게는 내가 가진 열정을 모두 쏟더라도 부족하기 이를 데 없는 강연일 수 있다. 지금은 청중으로 앉아있지만 이 자리를 벗어나면 그들이 나보다 월등하고 내 강연을 안 들어도 각기 삶을 잘 영위할 수 있는 능력이 있다는 점을 간과했던 것이다. 일방적으로 내 견해만 펼쳤으니 그들 관점에서는 못마땅할 수 있었다. 이 결론을 도출한 후로는 강연 준비부터 마인드를 다진다.

"나는 살아남기 위해 적진으로 뛰어든다."

청중으로 불리는 적들은 만만한 상대가 아니다. 얼마 전 책을 내고 저자 강연까지 다니는 분이 내 스피치 강의를 듣겠다고 찾아왔다. 그는 강연을 다니기는 하지만 횟수가 거듭될수록 두렵고 무대에 서는 게 어렵다고 했다. 이유는 단 한 가지 청중이 무섭다는 것이다. 그는 청중에게 질문을 던지는 방식으로 강연을 시작하는데, 매 강연마다 질문의 꼬리를 물고 늘어지는 사람도 있고, 엉뚱하게 대답해서 분위기를 망치는 사람도 있다고 했다. 어떤 사람은 시비를 걸듯이 한 마디 하면 두세 마디 덧붙여 자신의 주장이 맞는데 왜 인정하지 않느냐는 식으로 덤빈다고 했다. 들어보니 질문의 방향이나 질문 의도가 문제될 것은 없었다. 여러분은 이럴 때 어떻게 할 것인가? 막상 당신이 무대에 서 있는 상황이라면 진땀이 날 것이다. 도망치고 싶은 마음 또한 굴뚝 같을 것이다. 물론 내게도 이런 경우는 허다하다.

한번은 청년들을 대상으로 취업에 관한 강의할 때였다. 몇 안 되는 청중이 앉아있는데 그중 한 남성이 시작부터 내 말에 반론을 제기했다. 내가 자신만의 스토리를 갖는 게 중요하다고 말하자, 살아가는 게 스토리인데 무슨 스토리를 만드느냐, 만들고 싶다고 만들어지냐는 등 투덜대며 트집을 잡았다. 마치 자기는 아무 문제없는데 자신을 이렇게 만든 사회가 문제라는 식으로 상황을 끌어갔다. 그런 사람은 강연장이 아닌 개인 상담실을 찾아가야 한다. 나는 청중의 의견을 세심하게 듣는 편이지만 반복되는 그의 투정을 받기에는 다른 청중에게 미안했다. 나는 어쩔 수 없이 강연 내내 성의껏 무시하기로 결단을 내려야 했다.

무대 앞에 서면 청중이 한눈에 들어온다. 청중들이 하는 작은 소리에도 민감해진다. 귀에 들리는 소리를 못 들은 척하기는 더 어렵다. 하지만 그 한 사람보다는 귀 기울여주는 다수의 청중이 내게는 더 소중하다. 물론 반론을 제기한 그 사람이 나쁜 의도를 갖고 그러지 않았다는 걸 믿는다. 평소 습관처럼 말의 논리를 따졌거나, 그 순간 궁금증이 유발되었을지도 모르겠다. 강사가 자기만 바라봐주기를 원하는 것일 수도 있다. 하지만 강사는 강연하는 동안 다수의 청중을 책임져야 한다. 난 의도적으로 그 사람을 보지 않았고 질문은 못 들은 척했다. 다른 질문자들의 질문에 성심껏 답해주고 진지하게 분위기를 이끌자 그 사람도 후반부로 갈수록 강연을 집중해서 들었다. 나는 그가 메모까지 하는 모습을 보았다.

적이 있기에 내가 있다. 적은 내가 언제나 긴장할 수 있도록 하며 상대를 주시하게 한다. 마찬가지로 청중이 없는 강연은 있을 수 없다. 요즘에는 '1인 방송'이 늘어나면서 카메라 앞에서 혼자 방송을 진행하는 경우가 많다. 하지만 이것 또한 가상의 시청자를 설정하고 하는 것이므로 청중이 없다고 할 수 없다.

그렇다고 청중을 적으로 보라는 설정이 외나무다리에서 원수를 만나듯 그들과 대립하라는 말은 아니다. 적을 만난 듯 긴장하고 그들을 내 편으로 만들듯 설득할 준비를 하라는 것이다. 적을 알고 나를 알면 백전백승이라는 말은 그냥 생겨난 말이 아니다. 고려시대 서희는 적장 소손녕을 언변으로 제압하고 강동 6주를 되찾는 쾌거를 이뤘다. 적의 요구사항이 무엇인지, 진정으로 원하는 것이 무엇인지 파악하고 적절하게 대응했기 때문에 가능했다. 당신도 마찬가지다. 대중 앞에 섰다는 것은 적 앞에 당신을 그대로 노출시키는 것이다. 청중의 불쾌한 말이나 불만스러운 소감에 쓰러지지 않기 위해서는 만반의 준비를 갖춰야 한다. 당신 가슴에 진정성과 유연함을 장착하라. 그리고 그들이 당신에게 바라는 바를, 듣고 싶어 하는 말을, 그들 가슴을 뛰게 할 만한 메시지로 무장해야 한다. 온전히 그렇게 했을 때 적은 당신에게 투항하고 당신을 받아들인다.

아무도 놓치지 마라

헨리 포드와 함께 자동차 명예의 전당에 오른 이가 있다. 바로 조 지라드Joe Girard다. 그는 자동차 세일즈맨이었다. 15년간 1만 3천 대의 자동차를 팔아 12년 연속 기네스북에 등재된 인물이다. 1973년 한 해에는 무려 1,425대의 자동차를 팔았다고 한다. 비결을 묻는 기자에게 그는 이렇게 답했다.

"고객이 나를 좋아하게 만들었습니다."

기자는 그의 대답에 즉시 반문했다.

"어떻게 그렇게 할 수 있었죠?"

"내가 고객을 좋아하니까 고객도 나를 좋아했습니다."

아주 간단한 질문과 대답 같지만 그 속에는 심오한 인간관계가 숨겨져 있다. 조 지라드는 사람들에게 왜 상대를 싫어하냐고 물으면 그가 나를 싫어하기 때문이라는 답을 들었다고 한다. 그는 이것을 반대로 생각해 내가 상대를 좋아하면 그도 나를 좋아한다는 뜻임을 알게 됐다는 것이다. 조 지라드는 이 점을 이용해 고객에게 자신이 진심으로 그를 좋아한다는 것을 보여주었다. 그는 세일즈 기법, 화술과 대화기술에 대한 책을 내고 이를 주제로 세계 곳곳에 강연을 다녔다. 생각해보면 우리가 죽을 때까지 듣고 싶고, 아무리 들어도 질리지 않는 말이 있다면 그것은 "나는 당신이 좋아요."가 아닐까 싶다. 나는 여기서 조 지라드의 세일즈 기법을 소개하려는 것이 아니다. 단지 우리가 대중 앞에 서서 그들에게 당신이 취할 마인드가 무엇인지 이야기하려는 것이다. 조 지라드의 세일즈 기법처럼 스피치도 마찬가지다. 스피치도 서비스인 것이다.

스피치가 서비스라는 주장의 근거는 소통에 있다. 일단 언어 자체가 소통하기 위해 생겨났다. 몸짓으로 시작해서 그림이나 기호로 표시되다가 글자가 되고 음성으로 표현해내는 것이 언어다. 말하기 시작함으로써 갈등이 줄어들고 상대의 마음을 헤아릴 수 있게 되었다. 비로소 진정한 소통이 이루어진 것이다.

사회적 관계를 이어가면서 소통의 중요성은 더욱 부각되고 있다. 소통이 잘되면 조화로운 관계와 유대감이 형성되지만, 불통은 관계의 단절을 가져오고 집단을 와해시키기도 한다. 그것에 대해서는 역사가 증명하기도 한다. 가는 말이 고와야 오는 말이 곱다는 것이나, 말 한 마디가 죽마고우도 갈라서게 한다는 속담은 말의 상대적 개념에 대해 설명한 것이다. 상대를 존중하며 예의를 갖추는 서비스 마인드가 당신의 스피치에서 드러나야 한다.

형식적이고 의례적인 인사말이 서비스가 될 수 없다. 청중은 당신의 영업상 격식을 갖춘 서비스에는 감동하지 않는다. 청중을 감동시키지 못하면 당신과 청중 사이에는 소통이 어려워진다. 그 순간 어떠한 말도 청중의 머리에 새겨지지 않을 것이다. 당신은 단순한 강사의 역할을 할 뿐 청중과 하나 되는 순간을 경험하지 못하고 듣는 이 또한 만족도가 떨어지는 것은 불 보듯 뻔한 일이다. 스피치는 서비스다. 말의 위력을 당신이 발휘해야 한다.

조 지라드가 자동차 판매에서 대기록을 세우게 된 비결은 대단한 것이 아니었다. 단 한 사람을 250명 대하듯 했다고 한다. 한 명의 고객이 소개시켜 줄 수 있는 사람의 한계가 250명이라는 것이다. 그 점을 이해한 그는 일 대 일로 고객을 만나더라도 250명을 만나고 있다고 생각했다. 한 사람을 대할 때 얼마나 귀하고 가치 있게 응대했는지를 보여준다. 그렇다면 그가 단 한 명의 고객을 놓치지 않기 위해 한 일은 무엇일까. 앞서 언급했듯 자신이 고객을 좋아하고 고객이 자신을 좋아하게 만든 것이다. 물론 결론은 그렇다. 하지만 여기에 기본 토대가 된 것은 조 지라드의 스피치다.

그는 상대의 장점을 보려고 노력했다. 장점을 보고 끝내는 것이 아니라 그 장점을 칭찬하고 빛나게 만들어주었다. 스피치의 기본은 칭찬이다. 칭찬은 사람을 기분 좋게 만들어주는 수단이다. 칭찬 앞에서 화를 내거나 갈등이 심화되는 경우를 본 적이 없다. 물론 칭찬하는 말에 꼭 담겨야 할 것은 진정성이다. 과도하게 칭찬하면 사람들은 자신이 조롱당하고 있다는 느낌을 받기도 한다. 첫 만남에서부터 그 사람의 장점을 찾아내기는 어렵다. 그럴 때는 그의 가시적인 움직임이나 표정, 들리는 목소리나 말에서 드러나는 관점을 칭찬하면 자연스럽다. 상대가 부담을 느끼는 칭찬은 아무리 좋은 의도라고 해도 당신에게 마이너스다.

서비스의 기본 정신은 상대의 만족을 높이고 웃음을 주는 것이다. 고객이나 청중이 만족했을 때 나오는 웃음으로 인해 당신이 원하는 성과를 낼 수 있다. 내가 강연에서 웃음에 포인트를 주는 이유이기도 하지만 웃을 수 없는 곳에서 즐거움을 찾을 수 없기 때문이기도 하다. 대중이 내 이야기를 들으면서 심리적으로 안정이 되고 유쾌함을 얻으면 그 강연은 성공한 것이다. 자연스럽게 청중의 공감을 유도하면서 전달하고 싶은 주제에 힘을 실을 수 있는 방법이다.

스티브 잡스나 버락 오바마 같은 유명인사의 연설을 들어보면 의도적으로 청중의 웃음을 유도한다. 또한 청중이 충분히 웃기를 기다려준다. 웃음의 효과를 알기에 이들은 이 방법을 선택했을 것이다. 청중은 웃으면서 강사에 대한 마음의 벽을 허물고 신뢰를 쌓는다. 그리고 긴장된 상태에서 마음을 해제시켜주고 강연을 듣는 자신의 마음이 긍정적으로 선회하도록 돕는다. 강사가 서비스를 베푼다는 것은 결국 자신을 위한 것이다. 청중을 예우해준 만큼 당신에게 돌아오는 반응은 뜨겁다.

할 수 있는 만큼 서비스를 제공하고 최대한 소통하라. 조 지라드가 세운 명예로운 기록은 그가 스피치를 값지게 사용했기에 가능했다. 그의 강연은 늘 문전성시를 이뤘다. 그는 자동차를 판매하기 위해 고객을 만나는 것처럼 청중을 만났다. 강사에게 청중은 고객이고, 그들이 만족하는 강연을 하는 게 조 지라드의 서비스 정신이다. 업적에 버금가게 큰 목소리로 그는 외쳤다.

"사람을 움직이는 스피치를 하라!"

사람을 움직이는 동기부여는 당신과 청중의 소통에서 나온다. 이 점을 명심하고 마음에 새겨 봄직하다.

마무리는 스피치의 백미다

대미를 장식하는 것은 언제나 최고의 스타다. 스피치에서도 마찬가지다. 한 사람이 길게는 두 시간까지 이끌고 가는 강연은 사람들의 집중력의 한계를 생각할 때 무리수가 많다. 의외로 사람들이 집중하는 시간은 매우 짧기 때문이다.

유튜브나 포털사이트 검색을 통해 들을 수 있는 TED 강연을 예로 들어보자. 나도 이 강연을 자주 듣는데 유명 인사들이 나와서 길게는 15분 정도 연설한다. 아주 짧은 타임이다. 그런데 이 짧은 시간 동안 중간에 다른 생각을 하지 않고 듣는 사람이 몇이나 될까. 나 또한 한 번도 TED 강연에만 집중해서 들어본 적이 없는 것 같다. 아주 잠깐이라도 강연과 관계없는 생각을 할 때가 많이 있었다. 예를 들면 말을 잘한다, 발음이 좋지 않다, 옷이 잘 어울린다, 패션 코디가 엉망이라는 등의 품평을 늘어놓으며 강사의 말에서 잠깐씩 벗어난다. 물론 내 자신의 산만함이 원인이기도 하지만 보통사람이라면 누구나 나와 거의 비슷할 거라고 믿는다.

강연을 마무리 할 시간이 오면 만감이 교차한다. 이제 끝났다 싶기도 하고 만족스러운 강연이었는지 스스로 자문도 한다. 미소를 띤 채 마무리 멘트를 준비하며 청중의 표정에서 만족도를 읽어내려 한다. 마무리는 대중 앞에 선 당신이 보내는 결재 사인이다. 욕심이 앞설 수 있는 순간으로 훌륭한 마무리를 위해 안간힘을 쓸 것이다. 그렇지만 형식적인 뻔한 멘트는 청중의 마음을 경직시킨다. 현장감을 살려 생생하고 힘차게 할수록 좋다. 정신적으로 좋은 영향, 긍정의 씨앗을 심어주는 역할을 해야 한다. 자신만의 상징적인 어구를 만드는 것도 방법이다. 라디오 프로그램에서 마무리 멘트를 매일 똑같이 하는 경우가 이에 해당한다고 할 수 있다. 청취자에게 프로그램의 여운을 각인시키는 것이다. 강렬한 표현도 좋지만 청중에 대한 경의와 애정이 담긴 문장이나 어구면 더 좋다. 우호적인 말로 친근함을 강조하면서 강연을 통해 우리가 가까워졌다는 느낌을 받게 한다면 그것만으로도 훌륭하다. 마무리를 잘함으로써 대중 앞에 선 당신은 각광받는 희열을 느낄 것이다.

당신을 차별화하라

"대중연설 능력이 있는 사람은 몸값도 50% 바로 올릴 수 있고, 앞으로 50년은 살아남을 것이다."

세계적인 부호 워런 버핏의 말이다. 그는 타인 앞에서 말하는 걸 싫어하는 사람은 골칫거리를 떠안게 될 거라고 덧붙였다. 연설 능력이 없는 사람의 성장 가능성은 제한적이라는 의미로 들린다. 그만큼 대중 앞에서 스피치를 한다는 것이 일반화되었고, 매우 중요하게 인식되고 있으며, 자신의 가치를 높이는 방법이 될 수 있다는 것이다.

이전에는 연설이나 강연을 한다고 하면 정치가나 학자 또는 회사 경영자 등을 먼저 떠올렸다. 하지만 대중이라는 범위를 어떻게 정하느냐에 따라, 누구나 대중 앞에서 연설 능력을 보여야 하는 시대가 되었다. 같은 취미를 가진 사람들의 모임이 활성화되고 각종 종교행사도 진행된다. 정보를 공유하는 설명회 개최도 기업이든 단체든 정례화 되고 있다. 그뿐인가. 소방안전교육을 하는 소방관도 있고, 일반인을 대상으로 보이스 피싱을 설명하는 경찰관도 있다. 여행을 가면 여행가이드, 등산을 가면 산 지킴이 활동을 하는 사람이 산의 전설이나 나무와 풀 등을 설명해주기도 한다.

그리고 대중 앞에 선다는 것을 생각지도 못했고 언제나 듣고 수용하는 위치에 있던 사람들이 어느 순간에 다양한 방식으로 서기도 한다. 공연장에 가면 사회를 보는 사람이 있고, 작은 음악회는 연주자가 마이크를 잡고 곡을 해설해주기도 한다. 학회 발표나 어느 집회의 행사를 진행하는 것 또한 모두 대중 앞에 서는 경우다. 동아리 회장의 취임연설은 어떤가. 아이가 다니는 유치원 행사에 가면 유치원장이나 선생이 학부모를 상대로 스피치를 한다. 이런 것들이 대중 앞이 아니라고 할 수 있겠는가.

대중 앞에 섰을 때 가장 중요한 것을 당신을 차별화시키는 것이다. 당신을 하나의 브랜드로 만들어 대중에게 다가가는 것이 중요하다. 청중은 자신과 똑같거나 비슷한 사람에게 영향받는 걸 의식적으로 거부한다. 어느 한 부분이라도 이색적이거나 우월하다고 인정하는 경우 그가 하는 말에 솔깃해지고 신뢰를 보낸다. 들은 내용을 마음에 새기고 기억하며 자신의 생활에 반영하고 행동으로 실천하려고 한다. 강연을 들으러 다니거나 그가 쓴 책을 읽는 것을 보면 알 수 있다.

당신이 상대방의 말에 귀 기울였던 순간을 떠올려보자. 어떤 포인트에서든지 그에 대한 존경심이 바탕에 깔려 있다는 사실을 알게 될 것이다. 이런 경험에서도 드러나듯이 이것은 보편적 진리일 수밖에 없다. 우리는 바로 이 지점에서 결정적인 힌트를 얻는다. 당신이 일반인과 다른 점을 찾는 것이다. "당신만의 개성이나 당신이 남과 차별화된 점은 무엇인가요?"라고 물으면, 대다수의 사람들은 보통 사람들과 다른 점이 없다고 한다. 여기서 다른 점을 찾는 게 특별하거나 우월한 점을 찾으라는 것이 아니다. 자신이 사람들 앞에서 말할 수 있는 꺼리를 발견하라는 것이다.

백화점 판매사원이지만 자신을 차별화한 사람을 소개해본다. 《나에게 불황은 없다》를 쓴 전현미 작가다. 나는 그녀가 책을 쓰기 전에 만났다. 그녀는 나의 스피치 강사양성 1기 수료생이다. 그녀는 평범한 백화점에 가면 만날 수 있는 수백 명의 판매사원 중 한 명이었을 뿐이다. 백화점 유니폼을 입으면 전혀 다를 게 없는 보통사람이었다. 그러나 그녀는 자신을 브랜드화시키는 데 성공했고 훌륭한 강연가로 이름을 날리고 있다.

그녀가 자신의 차별성을 찾은 포인트는 열심히 살았던 자신의 과거였다. 그녀는 백화점 판매사원이 되기 전에 방직공장에서 근무했다. 21세기인 지금은 방직공장이라는 말 자체가 특이한 경력으로 들리지만, 우리나라 경제상황으로 볼 때 그 시기의 사회에서는 그다지 특별한 이력도 아니었다. 백화점에서 17년 근무한 것도 한 직장을 20년 이상 다니는 사람도 많으니 남다를 게 없는 사항이다. 그렇지만 그녀는 단 한 가지 남다른 성실함을 가지고 있었다.

백화점에 오래 근무한 사람은 많지만 세일즈 매니저가 되는 경우는 드물다. 우리는 이 점에 주목했다. 그녀는 고객응대법이나 손님 유치에서 탁월한 감각을 지니고 있었다. 그런 능력을 인정받아 백화점에서 주는 친절상과 매출상을 받았다. 전국의 영업사원이나 판매직 사원의 희망이 될 수 있겠다고 판단했다. 그녀는 책을 쓰면서 강연을 준비했다. 1기라는 기수가 말해주듯 전현미 작가는 전적으로 나를 신뢰했다. 나는 열정으로 가르치고 그녀 또한 열정적으로 수업을 받았다. 10시간 넘게 트레이닝을 받아도 전혀 힘들다는 말 한 마디하지 않았다. 그녀의 의지와 지치지 않는 노력에 나 또한 감명받을 수밖에 없었다.

나는 대중적 인지도가 낮은 그녀를 알리기 위해 SNS를 적극적으로 활용하기로 했다. 그녀가 스피치 수업을 받는 과정을 올려 대중과 공유하고 공감을 끌어냈다. 처음에는 누구지 하는 호기심으로 접근했던 사람들이 그녀의 발성이 변해가는 과정에 박수를 보내주었다. 응원을 받으면 더욱 힘이 난다. 가능성이 보이고 희망을 꿈꾸게 됐다. 결과부터 말하자면 그녀는 지금 여러 백화점과 단체를 돌며 강사로서 유명세를 타고 있다. 책에 사인을 해주며 "당신에게 불황 없는 인생을 선물합니다."라고 외치는 그녀의 인기는 날로 치솟고 있다. 그녀는 지극히 평범했던 자신의 삶을 특별하게 만들어 본인에게 선물한 것이다.

우리는 70억 명이 넘는 지구인 중의 하나로 이 세상에 존재한다는 것만으로도 특별함을 지니고 있다. 인류학자들이 공언하듯이 세상에는 똑같은 사람이 단 한 명도 없다. 이보다 얼마나 차별화될 수 있을까. 당신은 70억 분의 1인 존재로 특수성은 이미 보장된 것이다. 그렇다면 대중 앞에 당당히 설 수 있는 조건은 당신이 태어나는 순간 확보되었다고 보면 된다. 이제 당신이 대중 앞에 나설 준비만 하면 된다. 살아온 경험, 즉 보고, 듣고, 느낀 모든 감각을 일깨워 당신의 특별함을 찾아보자.

단골식당의 안면이 있는 아주머니에게 무엇을 제일 잘하시느냐고 물었더니 인사를 잘한다고 했다. 말을 듣고 생각해보니 그 식당에 들어설 때마다 기분이 좋았던 것은 그 아주머니의 인사 덕분이었던 것 같다. 이것은 그녀가 가진 특별함이다. 누구나 할 수 있지만 자신이 잘한다고 확신하는 것이야 말로 자신을 남다르게 한다. 특출 난 재능이 없음을 탓하지 말고 자신이 가진 장점으로 자존감을 높이고 남다름을 부여하여 자신의 캐릭터를 만들어 브랜드화하자.

마법이라도 걸어라

데모스테네스는 고대 그리스의 뛰어난 정치가이자 웅변가였다. 그는 그리스 아테네 사람들에게 연설해서 마케도니아에 대항할 수 있도록 이끌었다. 그가 쓴 연설문은 기원전 4세기의 귀한 자료로 평가받는다. 그런 그가 처음부터 대중 앞에서 연설을 잘했던 것은 아니었다. 오히려 발성이 불안하고 발음도 좋지 않았으며 말도 더듬었다. 그는 아버지가 물려주신 유산을 후견인이 모두 빼돌리자 그를 고소하고 법원에서 항변하기 위해 연설을 배웠다.

웅변을 처음 시작했을 때는 비난을 받았지만 배우 사티루스의 도움으로 자신의 단점을 찾아 고쳐나갔다. 지하실을 만들고 충분히 연습이 될 때까지 밖에 나가지 않기 위해 머리와 수염의 반을 밀어버렸다. 그는 2~3개월 동안 지하실에서 피나는 연습을 했다. 발음은 입에 조약돌을 물고 연설하는 것으로 고쳤고, 음성은 평지를 오르거나 가파른 비탈을 달리면서 숨이 찼을 때 연설하거나 시를 낭송하는 것으로 고쳤으며, 커다란 거울을 집에 걸어놓고 그 앞에 서서 연설하면서 자세를 바르게 하는 연습을 했다.

또한 다른 사람을 만나서 이야기하고 헤어진 후에는 만나서 한 이야기를 반드시 되풀이해보았다. 그리고 상대방이 자신에게 한 말, 자신이 상대방에게 한 말을 생각하며 고치거나 변화시켜 보기도 했다.

이런 노력이 있었기 때문에 오늘날 그가 고대의 전설적인 연설가로 남은 것이다.

연습은 당신을 변화시킬 수 있는 가장 강력한 채찍이다. 데모스테네스는 처음 한 연설에서 사람들의 웃음거리가 되자 완벽하게 될 때까지는 밖에 나오지 않겠다고 스스로 다짐하며 지하실로 들어갔다. “안 되면 되게 하라.”라는 이 말은 대중 앞에 서려는 당신에게도 그대로 적용된다.

《파리에서 도시락 파는 여자》를 펴낸 켈리 최 회장의 스피치 컨설턴트를 맡았을 때다. 그녀는 유럽에서 20년을 넘게 살았기 때문에 한국어 발음은 물론이고 어휘능력과 전달력에 한계가 있었다. 책을 출간하고 여기저기서 강연을 의뢰받는 상황이었지만 자신의 문제점을 잘 알기에 강연 스케줄을 잡지 못하고 있었다. 하루 2시간씩 스피치 훈련을 하고 톡과 화상통화로 쉼 없는 스피치 훈련을 강행군했다. 스피치 3단 공식 두 번째인 말을 잘하려면 말을 많이 해야 한다는 법칙을 그녀에게 각인시키고 계속해서 말을 시켰다.

글로벌 기업 켈리델리 회장이지만 겸손했고 잘 배우고자 하는 의욕이 넘쳤다. 문제가 되는 발음은 교정해주는 대로 수정해 나갔다. 나는 켈리 최 회장의 교정되고 발전하는 모습에서 데모스테네스의 모습이 오버랩되는 것을 느꼈다. 스피치는 본인의 연습이 제일 중요하다. 한 마디 한 문장을 직접 발언해보고 자기 목소리가 어떻게 들리고 표현되는지 검증해봐야 한다. 강연 내용과 청중의 대상에 따라 어떤 점을 부각할 것인지 다듬어야 한다. 부단한 연습만이 잘

할 수 있는 지름길이다.

연습을 하기 위해서는 각오를 다져야 한다. 시간만 때우는 식으로 연습하는 분들이 종종 있다. 또 마음이 급하고 불안해서 더 안 되는 경우도 있다. 그럴수록 시나브로 차근차근해야 한다. 천릿길도 한 걸음부터이고 태산도 티끌 하나에서 시작한다. 성급하게 해결하려 하면 오히려 역효과가 난다.

유명강사의 강연을 들으면 대부분 자신도 단 번에 그렇게 될 것이라고 생각한다. 우리말로 강연하는데 못 할 게 뭐가 있냐는 식이다. 그래서 한 번만 가르쳐주면 잘할 수 있다고 큰소리 뻥뻥 친다. 그러나 말이라는 것이 '아'가 다르고 '어'가 다르다. 목소리 크기 조절부터 호흡, 말의 스피드까지 당신이 감당해야 할 것은 수없이 많다. 그것을 감당하지 못하면 당신이 대중 앞에 섰을 때 악재로 작용한다. 이를 개선하고 극복하는 것은 의지로만 되는 것이 아니다.

켈리 최 회장은 매출 5,000억이 넘는 사업에 임하듯 스피치에 임했다. 시장조사를 하듯 여러 강사들의 강연을 동영상으로 들으며 그들의 장점을 분석하고 자기에게 대입시켰다. 그녀는 능동적 에너지를 스피치 연습에 불어넣었다. 수업이 끝나면 켈리 최 회장은 한 시간이 넘게 연습한 강연 내용을 녹음해서 내게 파일로 보내왔다. 나는 그녀의 피나는 노력에 박수를 보낼 수밖에 없었다. 지금 그녀의 강연은 언제나 호황이다.

우리는 대중 앞에 섰을 때는 막중한 책임과 부담을 느껴야 한다. 무대에는 아무나 설 수 있지만 누구나 성공할 있게 도와주지 않는다. 결코 호락호락하게 보아서는 안 되는 것이다. 대중 앞에 서면 돌발 상황이 많이 발생한다. 대중 앞에 설 때마다 환호를 받는 것도 아니다. 연습이 충분히 되지 않았다면 난관에 부딪히는 일은 비일비재하다. 무대 위에서 부끄럽거나 웃음거리가 되었을 때 쥐구멍이라도 찾고 싶겠지만 그러면 안 된다. 그곳에 당신이 회피할 쥐구멍 자체가 없기도 하지만 도피해서 모면한다고 해도 더 나아질 게 없다. 강연을 잘하지만 임기응변에 능하지 못해 얼굴만 빨개진 채 서 있는 사람이 있다. 당신에게 이런 상황이 연출되지 않도록 하기 위해서는 충분한 연습과 모의 상황을 통해 대비해야 한다.

나는 스피치 강연을 수백 회 넘게 진행했고, 강사양성 코스를 진행하고 있지만 지금도 연습을 게을리하지 않는다. 단 하루라도 연습하지 않으면 당장 멘트가 생각나지 않아 눈앞이 캄캄해지는 상황이 일어나기 때문이다. 연습을 게을리하면 금방 표시가 나는 게 스피치다. 말을 더듬거리고 문장 앞에 아, 어 등 추임새를 붙여 말하며 멍한 느낌을 주게 된다. 독자들은 설마 하겠지만 이것은 현실이다. 연습을 실전처럼 하라는 것은 어느 분야든지 적용되는 것임을 실감한다.

내게 가장 좋은 연습 장소는 자동차 안이다. 운전하고 갈 때 오프닝 멘트가 잘 떠올라서 강연하는 것처럼 연습한다. 비록 데모스테네스처럼 연습실을 따로 만들진 못하더라도, 나처럼 자신만의 공간에서 연습을 거듭해보는 것도 효율적이다. 그러다 보면 과정을 즐기는 상황이 되어 스스로 만족감을 높일 수 있다. 언제나 당신 앞에 대중이 있다고 가정하고 연습하고 또 연습해야 한다. 당신 입에서 말이

나오는 순간, 스스로 스피치 전문가임을 각인하자. 당신은 프로다. 안 된다고 불평하기에 앞서 자기에게 마법을 걸어라. 잘할 수 있다는 자기 최면이다. 그리고 입을 열어 말하라. 연습이 당신을 바꾼다.

긍정을 심고 웃음을 거둬라

"품행이 나쁠 뿐만 아니라 믿을 수 없는 학생으로, 의욕과 야심이 없고, 다른 학생과 자주 다투며, 상습적으로 지각하고, 물건을 제대로 챙기지 못하며, 야무지지도 못하다."

어느 학생의 생활기록부에 적힌 글귀다. 사람들에게 이것을 읽게 하면 두 가지 반응이 나타난다. 하나는 선생님이 너무했다는 쪽이다. 평생 남는 생활기록부에 이렇게 적나라하게 묘사했다면 학생에 대한 악감정을 가지고 있다는 것이고, 또 하나의 반응은 이 정도 학생이면 가정에서든 학교에서든 내놓은 문제아라는 반응이다. 두 의견 모두 설득력이 충분하다. 이 학생은 명문가의 자제였지만 삼수 끝에 사관학교에 들어갔다. 그것도 수학을 안 보는 기병을 지원했으며 낙제를 거듭했다고 한다. 그런 그가 영국의 수상이 되고 노벨문학상도 탔다. 매년 영국인이 존경하는 인물 1위에 오른다. 그는 윈스턴 처칠이다.

그의 이력을 보면 당신은 무슨 생각이 드는가. 흔히 말하는 금수저로 태어나 집안이 받쳐주니까 가능했다고 여기는가, 아니면 입지전적인 인물이라고 믿는가. 현실에서 내가 그와 인연이 닿는다면 나는 당장 책을 내고 강연 스케줄을 잡을 것이다. 개인의 히스토리가 아주

드라마틱하기 때문이다. 그는 성공에 비해 사생활은 비극적이었다. 집안과 부모에 얽힌 이야기부터 아내와 자식에 이르기까지 성공 뒤에 감춰진 스토리가 그렇다. 그의 스토리는 어려움을 극복한 입지전적 인물로 비춰지게 하고, 개인의 야욕이나 히틀러에게 맞서는 시대정신과 업적은 그를 영웅으로 인정할 수밖에 없도록 만든다. 노벨문학상이 증명하듯 스피치 원고도 잘 썼고, 연설 능력도 뛰어나고, 수완과 위트까지 겸비했으니 강사의 조건으로 이보다 더 좋을 수 없다. 문제는 대중이 어떻게 받아들이는가이다.

대중 앞에서 강연하는 사람이 가장 염두에 둬야 할 점이 있다. 청중이 상대적 박탈감을 느끼지 않도록 하는 것이다. 강사는 자신의 성공에 대한 스토리나 삶의 확신을 공개하기도 한다. 주제를 보면 경영노하우, 경제적 부, 명예, 권위, 삶의 비법 등 다양한 명목이 있으며 분야 또한 천차만별이다.

여기서 우리는 청중의 입장이 되어볼 필요가 있다. 청중이 왜 강연을 듣는지 이해하고 터득해야 한다. 나는 직접 강연을 하고 수강생을 상대로 강연 방법을 강의하지만 시간만 나면 다른 사람의 강연을 현장에 가서 직접 듣는다. 유튜브나 페이스북 등의 동영상을 통해 들을 수도 있지만, 현장감도 느끼고 싶고, 강사와 호흡을 같이하며 가슴으로 느끼고 싶어서이다. 그리고 현장에서 들은 주제와 중심을 내 생활에 대입해보고 활용한다. 강연을 들을 때마다 느끼는 것이지만 강사의 말 한 마디에 청중은 삶의 각도를 조절하고 시야를 넓어지게 한다는 사실이다. 그렇게 그들은 나에게 잠재되었던 가능성을 발견하게 하고 용기와 희망을 준다.

그러나 어느 강연에서는 상대적 박탈감을 느끼기도 한다. 강사의 남다른 조건 때문이기도 하지만 그의 말투나 몸짓에서 그것이 느껴질 때도 있다. 삶의 철학을 배운다는 심정으로 듣기를 원했지만 오히려 좌절과 사회적 괴리감만 느끼는 경우다. 대중 앞에 섰을 때는 청중에게 긍정의 요소를 심어야 한다. 강연장을 나서는 청중에게 가슴을 뛰게 하는 감동을 주고, 강연 듣기를 잘했다는 뿌듯함을 안겨야 한다. 이는 청중의 자존감을 높여 강연에 대한 만족도를 상승시키는 효과를 갖는다.

《나는 아파트형 공장 투자로 100억대 자산가가 되었다》를 펴낸 도정국 CEO의 강연은 이런 점에서 탁월하다. 당당한 체형과 걸음걸이에서 느껴지는 자신감, 박력 있는 목소리는 그의 장점이지만 자칫 거만해보일 수 있고, 100억이라는 자산 가치는 보통사람에게 선망의 대상이지만 동시에 거부감을 주는 요인이다.

그가 '대중 앞에 서는 법'을 수강하러 처음 왔을 때는 표정도 근엄하고 범접할 수 없는 카리스마를 갖고 있었다. 사적으로는 멋있다는 생각이 들었지만, 자칫하면 다수의 청중 앞에서는 마이너스 요소가 된다. 우선 내가 처음 시도한 것은 그의 빠른 말투를 다소 느리게 조절하는 것이었다. 빠른 말투는 강압적으로 들리지만 느린 말투는 차분하면서 겸손하게 들리기 때문이다. 두 번째로 얼굴에 미소를 띠는 연습을 했다. 선명한 이목구비가 주는 강한 인상을 한결 부드럽게 해주는 효과를 노린 것이다. 물론 그것은 대중 앞에 섰을 때 부수적인 것이다. 본격적으로 그를 어떻게 대중에게 어필하며 그들에게 동기 부여를 할 수 있을까 고민했다. 그가 무일푼이었다는 것, 때밀이를 했던 과거도 중요했지만 그가 현재 계측기 세일즈맨이라는 사실이 더 현실적이었다. 일반적이고 보편적인 상황이 청중의 공감을 끌어내고 동질감을 유도하는 데 적격이다. 이 점을 부각시키고 자산을 축적하게 된 비결인 '즉결즉행'을 청중에게 들려주게 했다. 청중은 그것이 로또가 아닌 행동에서 유발된 성공이라는 점을 명확하게 인지했고, "나도 할 수 있다."라는 의지를 불태우게 해주었다. 그의 강연은 언제나 강사의 만족도보다 청중의 만족도가 더 높다.

《계단을 닦는 CEO》를 펴낸 임희성 대표 역시 삶의 우여곡절이 많았다. 가난으로 혹독했던 어린 시절, 남대문 옷 장사 13년, 뇌종양수술 5번, 완치되지 않은 채 15년, 청소용역 25년 등 굵직한 것만 정리해도 그의 노고가 느껴진다. 그렇다고 청중에게 동정표를 구할 수는 없다. 비극적인 부분에서 오히려 담담하게 말해야 한다. 실제로 TV 프로그램 아침마당에서 출연 섭외가 왔을 때 스피치 연습을 하면서 내가 강조한 부분이다. 나는 그녀에게 뇌종양 이야기를 하면서 얼굴에 미소를 띠라고 조언했다. 긍정의 마인드가 치료보다 효과적이라는 것을 직접 보여주기 위해서였다. 그녀는 지금도 뇌종양에서 자유롭지 못하지만 질병을 초월해서 긍정적으로 살아가고 있다.

삶의 굴곡 때문에 자칫 신파로 흐를 수 있었지만, 100억 넘는 매출을 자랑하는 청소용역업체 대표로서 당당히 선 입지전적 인물임을 드러내고, 역경을 이겨낸 자수성가형 사업가로 이미지를 굳히는 역할을 했다. 그녀의 강연을 들은 사람들이 퇴실할 때는 누구나 얼굴에 미소를 머금고 있다. 자신의 삶에 감사하고 흐뭇함을 느끼는 것이다. 무엇보다 강연 내내 임희성 대표가 "그러니까 당신은 나보다 더 잘할 수 있다."라는 메시지를 전달하며 무한한 가능성을 심어주기 때문이다. 강사는 긍정을 심고 웃음을 거둬야 한다. 미국의 심리학자 윌리엄 제임스의 말을 인용하며 글을 마무리하려 한다.

"만약 명랑함을 잃었을 경우 그것을 되돌릴 최선의 길은 힘차게 일어서서 유쾌한 태도로 연설해야 한다. 그래도 유쾌하게 되지 않는다면 그 밖의 다른 일도 해낼 수 없을 것이다."

실전을 위한 연습 Tip

▶ 오늘의 낭독

- 호흡과 발성에 주의하며 천천히 읽는다.
- 둥근(부드러운) 억양으로 읽는다.

▶ 오늘의 트레이닝

- 정확한 발음으로 읽는다.
- 내용을 숙지한다.
- 문장에 의미 단위로 끊어 읽기를 표시하고 읽어본다.
- 자연스럽게 1분에 맞춰 말하기를 해본다.
- 목소리에 강약을 주며 의미를 강조한다.
- 감정을 풍부하게 실어 낭독한다.

▶ 주제별 좋은 명언

- 인생, 성공, 노력, 관계 등의 명언을 모으고 외운다.

대중의 공감을 이끌고
마음을 사로잡는 스피치!

우리는 모두 대중이다. 대중이 대중 앞에 나선다는 것은 특별한 의미로 다가온다. 대중 앞에 선다는 것은 정보전달을 위한 업무든, 성공담이나 주제 강연 등 개인적 소회를 밝히는 것이든, 스피치를 통해 무언가를 전달하고자 하는 목적이 있다. 중요도나 가치의 정도는 나중의 문제다. 대중의 요구는 시대에 따라 다양화되고 있으며 가치기준 또한 천차만별이어서 대중들은 자신에게 맞는 강연을 찾아 듣는다. 우리가 고민해야 할 것은 대중 앞에 섰을 때 당신을 정확하게 알리는 방법이다.

지금은 바야흐로 1인 미디어 시대다. 요즘 사람들은 자신이 가진 재능을 표출하는 것에 망설임이 없다. 지상파 방송 프로그램도 다양해져서 각 업종의 사장도 TV에 나오고, 각 분야 전문 패널들이 방송에 출연하는 세상이다. 그리고 스포츠 선수는 물론이고 정치인들의 토론 등 누구든지 기회만 닿으면 방송에 출연하기를 꺼려하지 않는다. 또한 문화센터, 도서관, 학교, 자치단체 등의 강연도 활성화되었다. 그뿐만 아니다. 입시설명회를 포함해 제품을 대중에게 선보이는 정보전달의 홍보행사도 수없이 진행된다. 그에 따라 스피치 역량이 중요한 가치로 떠올랐다. 이 모든 것들은 자신을 알릴 수 있는 기회가 된다. 말은 소통의 기본이다. 대중의 마음을 사로잡고 당신이 전달하고 싶은 바를 청중의 마음에 심는다면 스피치는 성공적이다. 대중에게 가장 효율적으로 다가갈 수 있는 방법은 스피치다.

같은 말을 하더라도 전달력에 따라 다른 분위기를 자아낸다. 자신의 스피치 유형을 알고 장점을 극대화하여 대중을 만난다면 청중의 마음을 사로잡기 쉽다. 이 책에서 말하는 세 가지 비법을 잊지 말기를 당부하는 바다. 대중의 공감을 이끌고 마음을 사로잡는 스피치는 연습을 통해 습관처럼 입에서 나오도록 해야 한다. 기분을 좋게 하는 유머 전략은 분위기를 전환하거나 유쾌한 시간을 선물하기 위해 익히면 좋다. 유머도 시대에 따라 변하므로 자신이 알고 있는 것만을 사용하기보다 새롭고 창의적인 개그를 응용해보자. 신선한 유머는 청중이 오래도록 당신을 기억하게 해준다. 말을 잘하려면 말을 많이 함으로써 가능하다는 건 변하지 않는 절대 진리다. 법칙에 맞는 스피치 연습은 당신을 놀라운 달변가로 변화시켜줄 것이다.

나는 대중 앞에 서야 하는 독자에게 용기를 주고 싶었다. 이것이 이 책을 쓸 때 가장 큰 고민이었다. 아무리 능숙한 강사라 할지라도 그들에게도 처음이 있었고, 그들도 두려움과 불안으로 잠을 설쳤다. 대중 앞에 선다는 것 자체가 용기를 필요로 하는 일이고, 내면의 장애 요소를 극복해낸 결과물이다. 청중은 편안하게 들을지라도 강사는 손동작 하나하나가 신경 쓰이고 작은 반응에 얼어붙는다. 10년 이상의 축적된 경험치가 있는 나도 무대에 오를 때마다 심호흡을 하고 실수하지 않기를 기도한다. 노련해질수록 긴장감을 늦추지 말아야 한다는 게 소신이기도 하지만 그만큼 중압감을 가져야 진중한 모습을 보일 수 있다는 뜻이기도 하다.

대중 앞에서 불안을 극복하는 것은 말처럼 쉽게 되지 않는다. 신들린 것 같은 강연은 누구나 하고 싶지만 이성과 감성이 복잡하게 얽히며 강연 내용이 흔들리기도 한다. 당신만 그런 상황에 처하는 것은 아니니 걱정하지 말라는 위로를 전한다. 간결하면서도 적확하게 대중 앞에 서는 법을 전달해 당신 내면에 잠재된 자신감을 일으켜 세우는 계기가 되었으면 하는 바람이다.

침묵은 놀랄 만한 힘을 발휘한다.
누군가가 정해진 것을 순순히 따르게 만들 수 있기 때문이다.
하지만 어떻게 이런 영향을 끼칠 수 있는지는 여전히 미스터리이다.

하버드대학교 사회 심리학자 브랜던 오언

우리 중 많은 사람은 그들의 말에 기본적인 논리는 부족하고
거창한 이치만 드러내서 말을 못한다는 오해를 받는다.

하버드대학교 언어학 박사 노암 촘스키